ふるさとの財《たから》

近江の在来野菜誌

長　朔男

序

滋賀県の在来野菜を初めて網羅した『ふるさとの財　近江の在来野菜誌』が、京都新聞出版センターから出版される。長朔男さんが長年をかけた研究成果である。本書を、在来野菜に関心がある方、おいしい野菜を求める方、農作物の現状と行く末に関心を寄せる方たちに、ぜひとも読んでいただきたいと思う。また、一般の読者にも、野菜にまつわる文化や歴史が楽しめ、在来野菜の価値が発見できる本としてお薦めしたい。

在来野菜とは、祖父母の代以前から地域で育てられ、生活や祭事に重宝されてきた野菜をさす。滋賀県には全国に広がった日野菜や京都の聖護院カブラの原品種と言われている近江カブラをはじめ、多数の在来野菜があった。しかし、市場が求める嗜好《しこう》や安定生産にあわないとされたものが多く、現代人の嗜好にあわせた、作りやすく均一性に優れたF１品種野菜におされて絶えたものが少なくない。残りの多くも栽培者の高齢化で消滅の危機にある。この傾向は全国でも同じである。

だが、生態学や育種学の観点からは、在来野菜は過去の遺物ではない。現在流通している野菜を生み出した原品種であり、同一品種内でも遺伝的多様性に富んでいて新たな品種を生む可能性、これからの環境変動にも対応できる可能性を秘めている。栽培作物が少数の優秀な品種やF1品種に集中し多様性が失われている現状からすると、作物全体の多様性を確保するうえで在来野菜の役割が増大している。本書が保全の強化を訴える所以《ゆえん》である。

一方で幸いにも、まだ一部だが、地域文化の再評価や環境意識やスローフード運動の高まりとともに、在来野菜をつかった郷土料理が見なおされ、また、その個性を生かす新しい料理が提案されるなど、その活用と栽培復興の動きも出てきている。生涯をかけて在来野菜を研究された青葉高先生が形容されたように、在来野菜は「生きた文化財」である。一昔前までは地域やそれぞれの家でよい株を選んで採種し、あるいは隣家からよい苗を譲り受けて育て、地域固有の野菜が作り上げられてきた。その調理法も家々で伝えられて、在来野菜のひとつひとつに、地域と各家庭の歴史や思い出がつまっている。いまも昔ながらの漬物や一工夫した料理をご近所にお裾分けするとき、話がはずみ、人と人を結びつける、そうした力を在来野菜はもっている。

長さんは、在来野菜のおいしさもさることながら、そういうところに魅せられたらしい。滋賀の食事文化研究会に参加されたあと、在来野菜の研究をライフワークと定め高齢をものともせず滋賀大学大学院に入学された。私が長さんに初めてお会いしたのは、3、4年前、焼畑の火入れを手伝いにこられたときで、すでに研究をまとめられていたが、私たちが植えている在来野菜のヤマカブラについてなおも熱心に質問されていた。

本書を読めば、長さんが滋賀県全域の在来野菜を守ってこられた方々を訪ね歩き、特性や謂《い》われ、栽培法と料理法、苦労や楽しみを聞きとるだけでなく、可能なら種を譲り受けて自分でも栽培して個々の特徴を確認されているとわかる。この作業を30品種についてひとりでおこなってこられたのだから、つくづく頭が下がる。本書には、また、先祖からの宝物として在来野菜を大事に守ってこられた方々のご苦労を世に出し、応援したいという思いがこもっている。本書が在来野菜のさらなる保全と活用のはずみになることを期待したい。

長朔男さんに心からの敬意をこめて。

最後に読者のみなさんへお願いをさせてください。もしかしたら、畑か庭の片すみで懐かしい味を秘めた在来野菜が息づいているかも知れません。それはこの本にまだ載っていない、おばあさんやおじいさんの宝物のひとつかもしれないのです。もしも在来野菜の新しい発見があれば、また、在来野菜の忘れられない味や新たなおいしさを引き出す食べ方があれば、私たちの生活と在来野菜の歴史がもうひとつ豊かになります。そうしたことで発見があれば、ぜひとも長さんにご連絡くださるよう、お願いいたします。

二〇二一年五月二十日

黒田末壽
（滋賀県立大学名誉教授）

まえがき

日本で栽培されている野菜は、およそ１４０種類あまりである（『都道府県別地方野菜大全』１頁参照）。それらは、もともと野生の植物であった。源をたどれば人間が見いだし、食べられてきた植物が作物化され、また海外から日本へもたらされ定着、分化したものである。日本原産の野菜（食用栽培植物）は、ミツバ、セリ、フキ、ワサビ、ウド、ヤマイモ（ジネンジョ）、ミョウガなどがある。それらも野生植物を栽培化した品種である。

栽培されるようになった野菜は、種子や苗が人の手によって各地に伝えられ、毎年種子を採って栽培して行くなかで親の形質を引き継ぎながら、その土地の気候、地味などの自然環境に適応した中からより好ましいものがえりすぐられて形質が固定され、人々の食用はもとより生活、習俗に取り入れられ、暮らしと切り離すことのできない存在になった。

江戸時代にすぐれた野菜の種子の全国的流通があったとはいえ、１９６０（昭和35）年頃まではほとんどの農家自身や地域のタネ屋などが自家採種した在来野菜を栽培していた。しかし、「野菜生産出荷安定法」の制定（１９６６年）以降だんだんと変化して行く。この安定法では、生活して行くうえでなくてはならない食材としてキャベツ、きゅうり、さといも、だいこん、たまねぎ、トマト、なす、にんじん、ねぎ、はくさい、ばれいしょ、ピーマン、ほうれんそう、レタスの14品目が指定され、これらの野菜の安定供給のために産地指定が進められた。指定産地から市場に出回る多くの野菜は、病虫害に強く、作りやすく、均一で美しく、収穫量の多い交配種・F1種とよばれる雑種第一代の品種へと変わってきた。それにともないF1種が広く一般にいきわたるようになり、毎年栽培されていた地域の在来野菜は、存続が厳しい環境に追い込まれている。

しかし、そんななかでも栽培が続けられてきた各地の在来野菜は、おふくろの味を思いださせ、旬を伝える野菜である。故郷の誇り、わが町、わが村の自慢の野菜である。青葉高先生はその在来野菜を食料としての価値だけでなく、地域で生活してきた人々の財産として地域で守られ、一品種として確立した歴史の生き証人「生きた文化財」であると守るべき意義を述べている（『日本の野菜文化史事典』11頁参照）。

こうした思いに少しは応えるかのように、近年、在来野菜を地域ブランド野菜として確立させていく広がりが全国的に進んでいる。一部の在来野菜の知名度は、少しずつ上がってきた。各地の道の駅、直売所などの販路拡大によって、こだわりの食材・在来野菜と人々を結び付け、いわゆる「個性豊かな」時代の流れに乗って、認知されるようになってきた。とはいえ、栽培の現場では、農家の減少、高齢化、後継者がいないなどの現実がある。生きた文化財はいったん消滅すると再現不可能である。こうしたことを踏まえて、地域資源作物としての継承と活用を考える必要がある。

本書は、滋賀県内各地に存在する在来野菜の今をレポートした。過去から種子が継承され、育てられ、食べられてきた生活の歴史を伝える在来野菜の大切さを読者と共有することができ、維持・保存の一助になれば望外の喜びである。

目次

I

在来種と交配種

1　在来種・固定種

在来種（在来品種）とよばれる野菜は、自家採種した種子によって栽培されてきた品種である。カブやダイコンなどの交雑しやすい野菜は、毎年同じものを作り続けるために、その年に栽培した中から母本選抜《ぼほんせんばつ》といって、種子を採るために、その品種の理想的な形や色を見定め、選び、再び採種用の圃場《ほじょう》に植え替え、採種する。こうして毎年採種することによって、在来種は固定された特性を持つようになって、固定された品種となる。

在来種と固定種（固定品種）の違いは、同じようにそれぞれ毎年採種するが、在来種は交雑を考えることなく、自然のままで種子を採ったものである。遺伝的に雑駁《ざっぱく》で形や大きさは不ぞろいになって親と同じようにならず、均一なものが大量に収穫できない。一方、固定種は遺伝的に性質が変わらないように固定しているから親と同じ形質に育つ。在来種に比して固定種は、形質が固定しており、採種の方法や管理がしっかりできているのものである。在来種から固定種への育種は、江戸時代中後期頃から始まり、戦前には大都市近郷で固定種を大量生産した種子が流通していた（『伝統野菜をつくった人々―「種子屋《たね》」の近代史』89〜94頁参照）。

農林水産省野菜試験場が１９８０年に作成した野菜の地方（在来）品種の調査報告書『野菜の地方品種』には、64種類１２１４品種が記載されている。タキイ種苗が２００２年に発刊した『都道府県別地方野菜大全』（14頁参照）には69種類、５５６品種が産地の写真とともに報告されている。

滋賀県内の在来野菜については、『野菜の地方品種』では次の10品種が記述されている。

カブ　日野菜（滋賀県湖南・湖東地方、谷口彦兵衛商店、滋賀県種苗生産販売協同組合）

万木（滋賀県湖西地方、滋賀県種苗生産販売協同組合）

蛭口（滋賀県高島郡、自家採種、市販なし）

矢島（滋賀県守山市矢島、えんどう種苗）

彦根（滋賀県彦根市小泉地方、種源商店。現在では小泉かぶと称し、これから入江かぶが育成された。

現在の小泉かぶと言われるものはどちらか不明。彦根かぶは総称）

ダイコン　山田（滋賀県湖南地方、滋賀県種苗生産販売協同組合）

伊吹（滋賀県坂田郡伊吹町、自家採種）

ツケナ　寒咲菜種（滋賀県湖東地方、谷口彦兵衛商店）

ナス　杉谷（滋賀県甲賀郡、渡辺利治）。

マクワウリ　悠紀メロン（滋賀県中州郡）【＝野洲郡の誤記か】

※（　）内は原産および分布地域、種子の入手先。

※【　】内は著者の注。以下同。

一方、『都道府県別地方野菜大全』（184〜186頁参照）には万木カブ、日野菜（カブ）、山田ダイコン、伊吹ダイコンの4品種のみである。『野菜の地方品種』が発刊され、次に『都道府県別地方野菜大全』が発刊されるまでの22年間に滋賀県において、これほど多くの在来野菜が絶滅ないし、栽培されなくなったとは考えられない。『野菜の地方品種』調査依頼関連の文書によると、調査依頼を受けた地方の担当者と報告を求めた側に乖離《かいり》があると伝えられている。さらに、筆者も調査に加わった『近江の特産物発掘調査報告書』は、「地域に伝わる伝統的な特産物の歴史や生産状況を県民に紹介する」とある。しかし、特産物を各旧市町村につき二つとしたため、絞らざるを得ず、抜けた品種がある。一方で、現在は栽培されていないが、復活を期待して取りあげられている品種もある。長い歴史を通じて伝えられてきた「近江の特産物」の意味を深く考えると調査に関わった一人として勉強不足であった。

2　まぎらわしい在来種

在来とは「これまで普通にあったこと、ありきたり」と説明されている（『広辞苑』）。在来種の統一された定義はないが、在来種は古くから栽培されてきた品種で、通常は栽培が特定地域に多いことから「地方品種」と同意である。「在来種」「地方品種」は、地方に育った品種である。「在来野菜」は、同じ意味で使われている（『野菜種類・品種名考』6〜7頁参照）。そのほかにも在来作物、地方作物、地方野菜、伝承野菜、伝承作物、地場野菜、土着野菜などとよばれている。さらに伝統野菜などとよばれブランド化されたものも含まれる。

3　伝統野菜

昭和56（1981）年、農林水産省の「地域内食生活向上対策事業」によって食生活の改善とともに、「地産地消」（地域生産、地域消費）が推奨されようになった。在来野菜は、地域・村起こしのカードとして特産種、伝統野菜などの呼び名でブランド化されるなど、再評価され、生産拡大に向けた取り組みが各地で行われてきた。「加賀野菜」「京野菜」は数十年まえからすでにその名が知られた存在であった。ブランド化は、在来野菜が広く認知されると、重みのある伝統野菜とよばれるようにもなる。

在来野菜は行政、JAなどによって進められてきた復活政策によって、地域ブランド品種として確立するとともに伝統野菜としての認定・認証制度も全国各地に組織化されてきた。認定・認証機関は行政とは限らず、それぞれの機関によって定義と基準が定められている。

4　近江の伝統野菜

（滋賀県ホームページ「近江の伝統野菜」参照）

滋賀県には在来野菜を選定して「近江の伝統野菜」とする認定制度がある。その野菜の定義は、「原産地が滋賀県内で概ね明治以前の導入の歴史を有している」「外観、形状、味等に特徴がある特産的な野菜」「種子の保存が確実に行われている」ことを基準にしている。2020年現在、ヤマノイモ科ヤマイモ1品種、アブラナ科ダイコン・カブ・ツケナ11品種、ユリ科ネギ1品種、ナス科ナス・トウガラシ4品種、ヒルガオ科ユウガオ（かんぴょう）1品種、キク科1品種の計19品種が認定されている。

近江の伝統野菜

2020年現在、滋賀県で認定されている品種。（ ）内は産地。

山田ねずみ大根
（草津市山田地区）

水口かんぴょう
（甲賀市水口町）

下田なす
（湖南市下田地区）

鮎河菜
（甲賀市土山町鮎河地区）

杉谷なすび
（甲賀市甲南町杉谷地区）

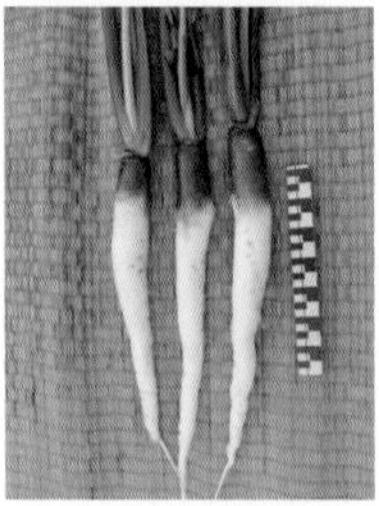
日野菜（日野町）

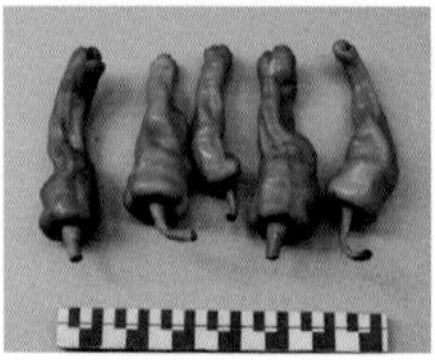
杉谷とうがらし
（甲賀市甲南町杉谷地区）

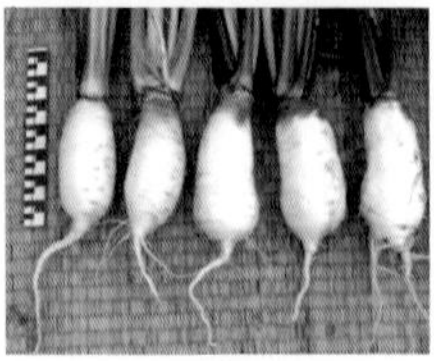
北之庄菜
（近江八幡市北之庄）

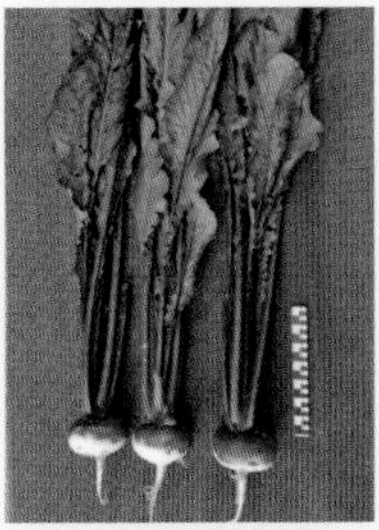

守山矢島かぶら
（守山市矢島地域）

伊吹大根
（米原市伊吹地区）

豊浦ねぎ
（近江八幡市安土町下豊浦地区）

弥平とうがらし
（湖南市下田地区）

万木かぶ
（高島市安曇川地区）

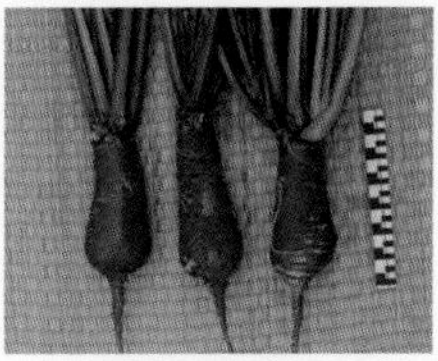

小泉紅かぶら
（彦根市小泉町）

大藪かぶら
（彦根市大藪町）

近江かぶら
（大津市尾花川地域）

秦荘のやまいも
（愛荘町安孫子・北八木・東出）

坂本菊
（大津市坂本地域）

赤丸かぶ
（米原市米原地区）

「近江の伝統野菜」に選ばれるプロセスは、滋賀県内6カ所の農業農村振興事務所の農産普及課の推挙によって、農政水産部の食のブランド推進課が担当している。推挙された在来野菜は、当該市町、ＪＡなどの関係者、学識経験者から幅広く意見を聞き、「近江の伝統野菜」として県条例によって認定される。

在来野菜は、生産量が少なく、一部直売所や道の駅に出荷しているものの、自家栽培、自家消費にとどまっている例が多い。しかし、少し前の生活環境を考えると、祭りのお供え物、飾り物などに使われ、また、予期しない葬礼に備え、漬物などにして保存してきた。在来野菜は、食の文化と深く関わってきた地域固有の野菜であった。

在来種・固定種の地方野菜の種子は、Ｆ１種が普及する時代の流れとともにタネ屋の店頭から消えた。

種子は、ホームセンターなどで広く販売されるようになり、地域の農家と密接な関係にあったタネ屋は衰退していったと考えられる。在来野菜は市場へ出しても需要がない。したがって当然種子の需要がないことから、種苗業者のカタログを見ても在来野菜の種子を販売する欄は皆無に等しい。地域の在来野菜を守る手だては、現状では栽培者に委ねられていると言わざるを得ないが、各野菜とも栽培者が数人程度になっているのが実態である。

在来野菜の栽培（継承）は、社会環境の大きな変化に飲み込まれ、様々な要因によって、種子を採り、育て、それを料理し食べる循環が持続できない環境になっていると考えられる。

5　Ｆ１種（雑種第一代）

スーパーマーケットの野菜売り場に並ぶ野菜は、長さも太さも色も見た目には寸分変わらなくみえる。それらは、品種改良されたＦ１種の野菜であることが一目で分かる。Ｆ１種は、消費者の嗜好を創るかのごとく、年中栽培され大量に流通している。

日本のＦ１種の開発育成は、第二次世界大戦後、間もない頃から大手種苗会社によって次々と発表されてきたが、そのベースは精農家などが長年作り続けてきた優良な在来種の種子を探し求めた中から性質の異なる品種同士をかけあわせてできた品種（雑種第一代）である。

販売されているＦ１種の種子袋は「〇〇交配」などと印刷されている。また、カタログを読むと「耐病性」「栽培が容易である」「生育も形もそろう」「多収」などの表現もあり、大量生産、大量輸送ができ、現代人好みの甘く、やわらかくおいしいと、よいことずくめの品種が種苗市場を席巻している。毎年種を採ることが面倒な農作業は、種子や苗は買うものへと変わってきた。

Ｆ１種の野菜から自家採種しても、そのＦ１種と同じ性質をもった種子を採ることはできないので、毎年栽培者は種子を買うことになる。今や野菜の種子は、種苗会社によってつくり出されたＦ１種。そのタネ取りは海外で行われタネ袋には生産地〇〇〇国と名前が書いてある。

II

在来野菜の種子とタネ屋

1　滋賀県のタネ屋と在来野菜

滋賀県のタネ屋は、２００６年の『全国種苗業者名鑑』には40社が記載されている。また、２００８年の『滋賀県種苗生産販売協同組合名簿』には25社（店）が加盟していたが、２０１９年現在の会員は23社（店）である。種子や苗を販売しているホームセンターやＪＡの直売施設などは種苗組合には加盟していない。もともと地域にあって在来野菜の種子を売っていたタネ屋でも、現在は大手種苗会社のＦ１種の種子の販売が中心である。

在来野菜の種子は、自家採種あるいは栽培グループが共同で採種するなどしている。その一方で滋賀県種苗生産販売協同組合は、独自の事業として数種類ではあるが、在来種を農家に依頼して育成・採種している。しかし、県内では採種してくれる農家がなくなって県外の農家に委託している例もある。こうした文章を書いている最中、驚く情報が飛び込んで来た。滋賀県種苗生産販売協同組合は２０２０年11月に解散した。このことは時代の流れとともに在来種が消えて行った姿と同じかもしれない。在来野菜の継承の道をたどると地域のタネ屋は、次の世代へと引き継ぐためにその種子を守る中心的な役割を担っていた。組合の解散は新しいタネ屋の時代への適応の結果であろうか。

2　日野菜とタネ屋

滋賀県の在来野菜で全国ブランド化しているものの代表格に日野菜がある。品種改良と保存の歴史の記録がよく残っている、日野菜を中心に扱っていたタネ屋について紹介する。

『近江日野町志』(767~769頁参照)は、「吉村源左衛門其子《そのこ》源兵衛(是より代々源兵衛の名を襲《おそ》ふ)は、培養の方法を研究し、種子の改良を圖《はか》り、種源と稱《しょう》し、種子商を營《いとな》み諸方に行商し、五代を経て吉村正治郎(吉田の分家にして故あり姓を改めしも種苗商を繼承《けいしょう》し種源と稱す)に至り、大に之が改良に盡瘁《じんすい》(尽)し、風虫の媒介《ばいかい》による變種《へんしゅ》の原因を避け、協同栽培地を選定し、南比都佐村《みなみひつさむら》大字深山口《みやまくち》等規約を設けて濫賣《らんばい》を禁じ、逐年《ちくねん》精良の種子を収穫し販路漸《ようや》く擴《ひろ》がり、内地は勿論《もちろん》遠く満洲朝鮮地方に及び聲價《こえか》大《だい》に揚《あが》り優《ゆう》に日野町の特産となれり。大正六年十一月陸軍特別大演習を湖國《ここく》の野に行はれ、大元帥陛下親しく御統監《とうかん》あらせらるゝに當《あた》り、日野町農會《のうかい》は吉村正次郎に囑託し、日野菜を培養せしむ。吉田即《すなわ》ち爺父《やぶそ》渓菜畑の清浄なる地點《ちてん》を選擇《せんたく》し、齋戒沐浴《さいかいもくよく》誠意を以て培養に従事し、遂に精良なる菜を得《え》たり」と記す。

その一方で、南比都佐村(現日野町)大字深山口には、2010(平成2年)年まで、「種屋」(屋号)とよばれる田中家が日野菜の種子の採種元をしていた。当主は代々田中嘉兵衛を継承し、「近江種苗」(店)を経営してきた採種圃場が深山口にあった。田中家には歴史を伝える「日野菜種子解説」、「日野赤菜種売捌帳」など古文書が数多く残されている。日野菜愛承会の寺澤清穂さん（1943生まれ）によると、田中家が日野菜の栽培・採種を始めるいきさつと、固定種としての品質の維持、保全に尽力していた際、お得意さん宛に出された文書がある。その文書によると、初代嘉兵衛さんは、蒲生氏郷（1556〜1595）の弟にあたる者から命を受け、深山口で日野菜を植え、種を採り、宝暦年間（1751〜1764）に種子商を営むようになり、紅菜、赤菜、深山口菜などの名前で諸国に行商していた。手広く種子を販売するようになって、名称を嘉永年間（1848〜1854）に日野菜に統一した。栽培や採種法に研究を重ね、需要がさらに拡大していくなかで、村をあげて村の農会も奨励するようになり、近郷の農家でも日野菜を栽培して採種し、その種子をタネ屋・田中嘉兵衛が買い取り、各地に販売していた。

販売するには、品種の形質が固定された良い母本から採った種子でなければならない。そのため、毎年採種用の原種圃場をつくり、圃場に植える前に村中から

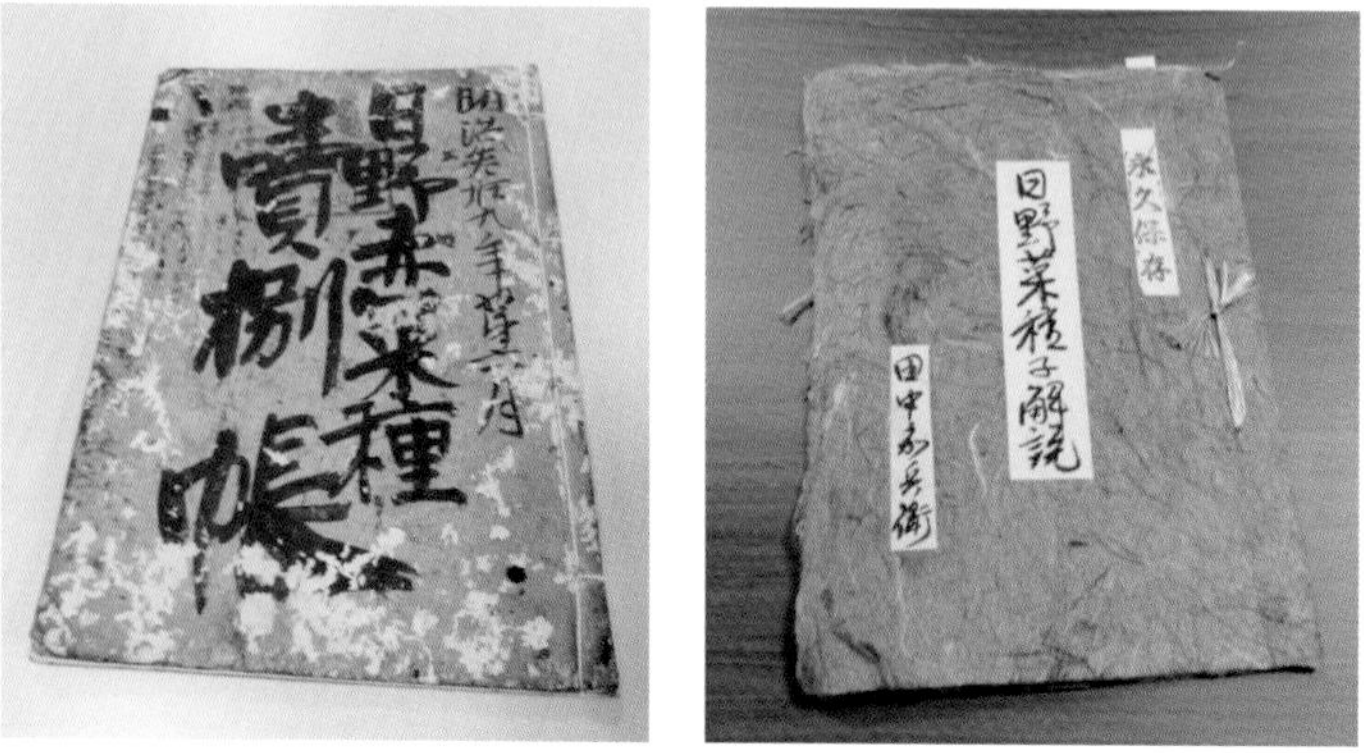

「近江種苗」田中嘉兵衛家に伝わる古文書
田中家蔵　2015年撮影

結実した鞘（2019）

母本選別され、植える前の日野菜（2019）

花の咲き誇る採種畑（日野町2019）

種子

実った種子の刈り取り（2019）

優良品を集め、品評会（母本選抜）を行い、栽培していた。それから採った種子はタネ採りの農家に配布され、栽培されていた。

採種用に栽培している農家の圃場は、農会の技術組合員とともに再三巡回して変種や病株の抜き取り、村内で交雑する十字花科植物は絶対に栽培を禁じ、家庭菜園で作られ、収穫されずに残っているハクサイやミズナなどが万一見つかれば、自他を問わず「雑菜引き」が行われていた。種子の適否検査は、審査員が行い合格しないと販売できない管理であった。日野菜本来の特徴を失わないように管理して「日野菜の種子の原産地なるをもって皆様の期待に副《そ》うよう努力するので、多少とも日野菜の種は弊店へご用命賜らんこと」と田中家文書は結んでいる。

日野菜が発見されてから品種として固定化される道のりは、地域のタネ屋がなくてはならなかった。これらの資料から伝わってくるものは、『伝統野菜をつくった人々―「種子屋《たね》」の近代史』（97頁参照）そのものである。しかし、分からないことは、吉村姓の「種源」と田中姓の「近江種苗」の両者が同じように、日野菜を採種していたつながりである。代替わりして行くなかで廃業され、残されていた資料からはそのつながりは分からなかった。

3　近江蕪菁の種子の選択法

近江かぶらの種子の維持管理は、交雑防止用の農業資材もない時代に採種用の畑を一カ所に設け、固定選抜による採種によって品種維持に村全体で取り組んでいた。その様子が克明に記述されている文献を紹介する。

『大津市志』中巻（1207〜1213頁参照）には、近江蕪菁《かぶら》の種子選択法の記述がある。「採種用に供する者（近江かぶら）は、形大にして眞の近江蕪菁たるべき特色を失はざる者を以て充つるに在り而して、收穫の際之に相當したる者を選出し、尾花川轄内《かんない》にある一反五畝歩（約150a）の畑地を借り、各自必ず集合して移植するを常例とせり　然るに茲に一種の美妙なる習慣ありて、此地を去ること十町以内の距離に於ては決して十字科植物を栽植せず、故に胡蝶《こちょう》等も花粉の媒助《ばいじょ》（受粉のなかだち）を肆《ほしいまま》にする能《あた》はず、従って變《へん》種する患《かん》少なし」とある。一町は約100mある。計算で半径1000mの範囲には交雑するアブラナ科の野菜など植えない決まりであった。（カッコ内は筆者注）

この文献と同じような固定選抜する方法は日野菜の採種でも紹介したが、固定種として維持し、本真物《ほんまもん》でないものは世に出さない使命感によって今日まで伝承されて来たのではないかと思われる記述である。

4　種子の採種と維持

前述した通り、日野地域のタネ屋によって、日野菜は固定種として育てられ、種子販売が全国まで広まっていた。一方、近江かぶらの固定選抜は、栽培グループによる品種を守るため結集した知恵であった。しかし、一般的には在来野菜の種子は、栽培農家が個々に毎年採種し、栽培が続けられてきたのである。

第Ⅲ章において品種ごとに聞き取りを行うなかで、地域のタネ屋の名前をよく聞いた。「自家採種した種子の余りは○○タネ屋に納めた」「◇◇タネ屋に在庫がなくなった」など在来野菜との深いつながりを感じ、聞き取り調査などから得た範囲で在来種の採種状況を書き留めた(一部、複数に属するものがある)。

◆栽培者自身による採種

伊吹大根、山田ねずみ大根、近江かぶら、尾上菜、高月菜、鮎河菜、高月丸ナス、よのみとうがらし、杉谷なすび、杉谷とうがらし、下田なす、弥平とうがらし、水口かんぴょう(ユウガオ)、杉谷うり、秦荘のやまいも、宮野ネギ、坂本菊

◆栽培者グループによる採種

伊吹大根、山かぶら、赤丸かぶ、小泉紅かぶら、大藪かぶら、北之庄菜、万木かぶ、豊浦ねぎ

◆龍谷大学の研究による採種

近江かぶら

◆大手種苗会社による採種
日野菜、万木かぶ

◆深山口日野菜原種組合
日野菜

◆滋賀県種苗生産販売協同組合による採種
山田ねずみ大根、矢島かぶ、万木かぶ（この3品種は、2015年の時点では生産販売されていたが、滋賀県種苗生産販売協同組合は2020年に解散した。組合として取り組んで来た在来種の採種は、必要とする種苗店が自由に行い販売すると伝えられている）

◆地域の種苗店による採種
北之庄かぶ、矢島かぶら

◆滋賀県農業振興センターによる採種
入江カブ、信州カブ、蛭口カブ（この3品種は2015年にはすでに栽培されていなかった。ところが、種子は保管が悪いと言われながらも保存され、更新栽培によって採種されていた例もあった。しかし近年、在来野菜そのものの継承や栽培についての所掌が組織からなくなってしまった。そうしたことからか、滋賀県農業振興センターにおける在来野菜の種子の保存は、「近江の伝統野菜」に認定された品種のみ、国の農研機構（国立研究開発法人農業・食品産業技術総合研究機構）に保管することになっているという。（滋賀県農業振興センター）

III

近江の在来野菜

滋賀県に現存する在来野菜の品種数は、正確には分からない。前述の通り、『野菜の地方品種』（313〜314頁参照）には、滋賀県の在来野菜はダイコン2品種、カブ7品種、ナス1品種、ツケナ1品種、マクワウリ1品種の記載がある。また、『都道府県別地方野菜大全』（184〜186頁参照）はダイコン、カブがそれぞれ2品種のみのわずか4品種である。

本書に取りあげた品種は、「近江の伝統野菜」の選定基準にとらわれることなく、左記を基準とした。

①聞き取り者の話を中心に祖父母の代から長い年月をかけてその土地になじみ、その土地に定着した在来野菜（固定種）の種子が継承され、現在も栽培されている品種。

②文献や聞き取りなどによって新たに見つかり、①同様に種子が継承されていた品種。

③1965年頃までは栽培されており、栽培者は途絶えたものの、種子が保存されている品種。

文献記載や伝承で伝えられている品種であるが、種子が途絶え、近年類似品種によって栽培されるものは除外した。

在来野菜の栽培者は、伝承と継承の生き字引であるとの考えで調査を進めてきた。一方、在来野菜の継承に係わる品種の特性や形質などは、先行文献が参考になると考え多くの文献により巻末にあげた。

◆野菜の分類

野菜とは園芸作物のほかに野山で採取した山草なども含む一般用語であるが、本書では主に栽培して食べる農作物を指す。

野菜の分類・定義は、それぞれの分野の特性によって行われており、統一されていない。国の統計や調査においても農林水産省の「野菜生産出荷統計」と「食料需給表」では異なる。総務省では「家計調査」、厚生労働省は「国民健康・栄養調査」があるがそれらも分類は異なっている。

野菜は学術用語では蔬菜《そさい》である。蔬菜の分類は利用部分による分類が行われている（『蔬菜園芸ハンドブック　実験活用　増訂改版』13〜19頁参照）。

◆園芸的分類

1　ナス類：トマト、ナス、トウガラシ、ピーマンなど
2　ウリ類：キュウリ、カボチャ、ユウガオ、シロウリなど
3　イチゴ・雑果菜：イチゴ、オクラなど
4　マメ類：エンドウ、インゲン、ソラマメなど
5　塊茎・塊根類：ジャガイモ、サツマイモ、サトイモなど
6　直根類：ダイコン、カブ、ニンジン、ゴボウなど
7　葉類：ハクサイ、ツケナ類、キャベツ、ブロッコリーなど
8　生葉・香辛菜：セルリー、パセリ、レタスなど
9　柔菜：セリ、ミツバ、シュンギク、ホウレンソウなど

10 鱗茎類（ネギ類・ユリ類）：タマネギ、ネギ、ラッキョウ、ニンニクなど

11 シダ類：ゼンマイ、ワラビなど

12 菌類：シイタケ、ナメコ、エノキタケなど

栽培地域	地図番号	栽培野菜	掲載頁
大津市	1	近江かぶら	92
	2	坂本菊	152
草津市	3	山田ねずみ大根	46
守山市	4	守山矢島かぶら	82
野洲市	5	なりくらマクワ	129
甲賀市	6	杉谷なすび	102
	7	杉谷とうがらし	113
	8	水口かんぴょう	120
	9	杉谷うり	127
	10	鮎河菜	139
湖南市	11	下田なす	105
	12	弥平とうがらし	115
近江八幡市	13	北之庄菜	75
	14	豊浦ねぎ	144
日野町	15	日野菜	78
彦根市	16	小泉紅かぶら	66
	17	大藪かぶら	69
愛荘町	18	信州カブ	72
	19	秦荘のやまいも	158
米原市	20	伊吹大根	42
	21	入江カブ	60
	22	赤丸かぶ	63
長浜市	23	山かぶら	57
	24	高月丸ナス	100
	25	よのみとうがらし	110
	26	高月菜	134
	27	尾上菜	136
高島市	28	蛭口カブ	85
	29	万木かぶ	88
	30	宮野ネギ	146

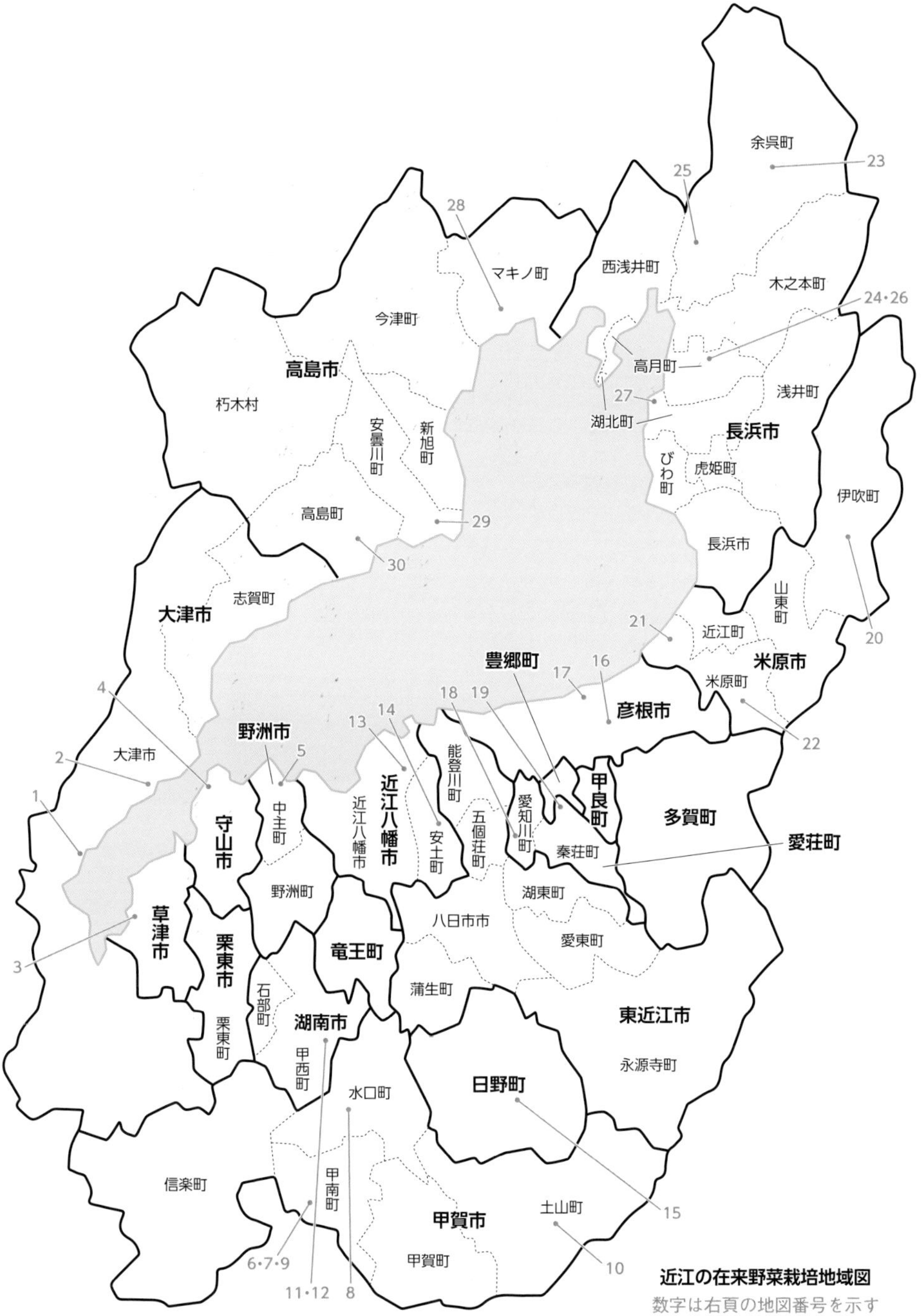

近江の在来野菜栽培地域図
数字は右頁の地図番号を示す

◆需要部位（食べる部位）による分類

本書では『日本の野菜　新装改訂版』（20～21頁参照）を参考に在来野菜を需要部位によって分類している。本書で取り上げている滋賀の在来野菜は次のようになる。

1　根菜類：ダイコン2品種、カブ12品種
2　果菜類：ナス3品種、トウガラシ3品種、ユウガオ（かんぴょう）1品種、シロウリ1品種、マクワウリ1品種
3　葉菜類：ツケナ3品種、ネギ2品種
4　花菜類：食用菊1品種
5　イモ類：ナガイモ1品種

◆品種名の表記

品種名は「カタカナ」「ひらがな」「漢字」が混在し、分献ごとに、あるいは市場や栽培現場でそれぞれ異なって用いられているため、本書では表記方法を次のように統一している。

①植物名として一般的な表記はカタカナ。
②文献引用は文献そのまま表記。
③「近江の伝統野菜」として認定された品種は、認定された表記名。
④その他の在来野菜は、当該地域で一般に用いられているそれぞれの文字「カタカナ、ひらがな、漢字」で表記した。

根菜類

ダイコン
カブ

根菜類は、肥大した根などに栄養分を蓄えた作物である。同じ根菜類でダイコンとカブはよく似ている。聖護院大根は一見すると丸いカブのように見える。日野菜はカブであるが根が長くダイコンのようである。ダイコンとカブの違いは、肥大化する部位が胚軸《はいじく》か主根《しゅこん》かで分かれる。主根が肥大したのがダイコンで、ダイコンをよく見ると縦一列に側根が生えていたぽつぽつした跡がある。カブは胚軸が肥大し、表面はなめらかで先っぽに長く伸びた尻尾が根である。また、ダイコンの花の色は白ないし薄紫色である。一方、カブは黄色である。

ダイコン

ダイコンの原産地は中国北部、中央アジアから中国南部、中央アジアからインド、コーカサス南部からパレスチナ地方などいろいろいわれているが、定説はない（『改訂増補　栽培植物の起原と伝播』１０２頁参照）。

地中海沿岸から中央アジア周辺にかけて古くから栽培されていたものが、わが国には陸路、海路を通じ伝来した。早くも『日本書紀（二）』（２５６頁参照）の仁徳天皇30年11月の項に歌が二首詠まれている。そのうち一首は仁徳天皇の恋歌である。

つぎねふ　山背女《やましろめ》の
木鍬《こくわ》持《もち》ち　打《う》ちし大根《おほね》　根白《ねじろ》の　白腕《しろただむき》
纏《ま》かずけばこそ　知らずとも言はめ

（口語訳　山背女が木鍬を持って掘り起こした大根のような、真白な腕を、巻き合ったことがなかったならばこそ、知らないとも言えようが）

ダイコンは、野生種の分布などから廿日《はっか》ダイコン、小ダイコン、黒ダイコン、北支ダイコン、南支ダイコンに大別されている。中国に伝わったダイコンの日本への伝来は、中国の温かい地方で分化した南支ダイコンが早く、その後、寒い地方の北支ダイコンが入ってきたと考えられている。

南支ダイコンに分類されるものは、葉に毛茸《もうじ》とよばれる細かい毛のあるものが多く、根は長いのも短いのもある。水分が多く、やわらかい。煮物などにし、米食むきの品種である。北支ダイコンは根が比較的短く、低温地で育てやすく、北日本地域に多く、根の一部や葉が紫紅色になる品種が多い。

ダイコンは、世界各地で栽培されているが、日本ほど品種の多い国は珍しく、１００品種以上ある。日本の気候、風土の中で交雑を繰り返し、日本人の好みに選別・馴化《じゅんか》した世界でも類のない太い品種・丸い品種・長い品種、また食味は辛い品種・甘い品種がある。漬物、煮物、干物、生食、薬味などに用いられる。また、秋から冬のダイコン、春ダイコン、夏ダイコンといった季節の栽培による分類がされているように年中食されている。

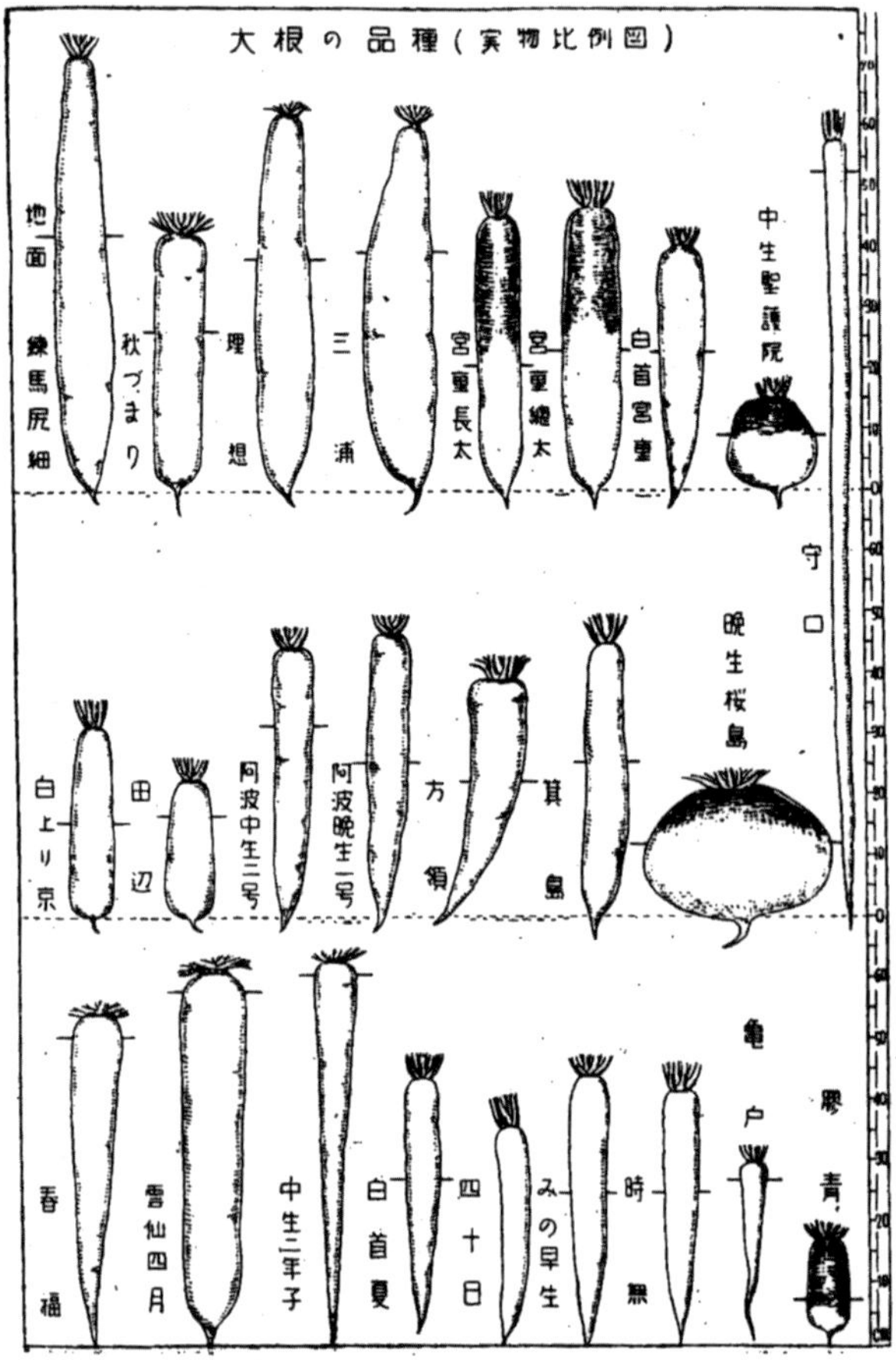

大根の代表的品種の抽出性と根型（実物比例図）
『園芸家必携（増訂改著）』養賢堂、1949年（336頁参照）

ダイコンの花（白ないし薄紫色）

カブの花（黄色　日野菜採種畑）

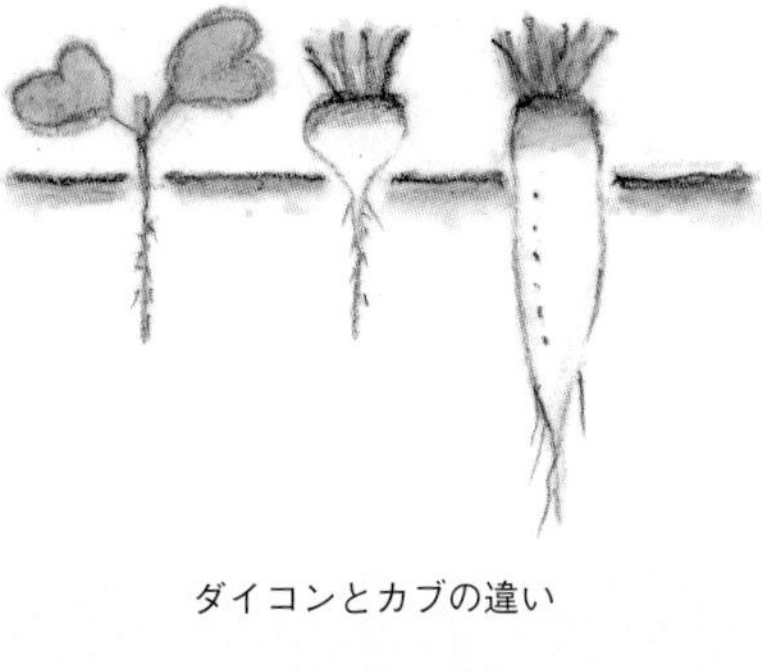

ダイコンとカブの違い

伊吹大根《いぶきだいこん》

伊吹大根と考えられる名前は、『百姓伝記下』（127頁参照）に初めて出てくる。その記述は、「大こん蒔事」の項に「地あさなる処には信濃大こん・雪吹《いぶき》大こんの種を以つくるべし。根へ入事すくなくふとる事多し。からみ多くて味ひあしき也。取分け雪吹大こんはにがみ多し」とある。また、『農業全書』（131頁参照）には、「伊吹菜又ねづみ大根と云ふ。其根の末細く鼠の尾のごとし。近江伊吹山にあり。彼地の名物なり」とある。また、彦根藩士で芭蕉門下十哲の一人と伝えられる俳人森川許六《きょりく》（1656～1715）が著した『風俗文選』（170頁参照）には、「伊吹蕎麦《そば》。天下にかくれなければ。からみ大根。又此山を極上とさだむ。洒〻落〻《せいせいらくらく》の風流物」と伊吹蕎麦と辛み大根・伊吹大根を記述している。その他『淡海録』（103頁参照）、『本朝食鑑』巻3、『大和本草』巻5、『新註近江輿地志略』（1200頁参照）、『本草図譜』巻46などに書かれ描かれた絵図もあるが、鼠の形をしたダイコンは描かれていない。しかし、『日本産物志』前編近江上には伊吹山麓上野村産の伊吹大根の図が描かれ、「根短く末に至り豊肥《ほうひ》してその端に細き根あり、形鼠の尾ににたり、味甚だ辛し、煮熟《にじゅく》すれば甘し、多く京へも輸出する」とある。

伊吹大根は、根が短く、足でけっても引き抜くことができることの例えから「ケッカラシ大根」とか

近江の伝統野菜認定種

発祥地

米原市
伊吹地区

栽培地が伊吹山山腹の峠であったことから「峠の大根」ともいわれている。ダイコンの肌は白色が多いが、伊吹大根は、葉の軸（葉柄《ようへい》）と根が土から出た部分（抽根部《ちゅうこんぶ》）が赤紫から淡緑色になる。根形は長さ25cm余り、直径が8cm余りの寸胴《ずんどう》型で、尻が膨らみ、根は細い鼠の尻尾のように末の方で伸びている。生の食味は、辛みが強いと同時に甘みもある。

伊吹大根は、栽培する農家が少なくなっていくなかで、1975（昭和50）年頃までは地元で細々と作られていたが、交雑を重ね形態は大きく変わっていた。滋賀県湖北地域農業改良普及センターの山内喜平さん（1930年生まれ　長浜市）が品種固定化の選抜育成に取り組まれ、伝えられていた本来の伊吹大根の復活と普及が進められた。

『伊吹大根』の復元にとり組んで」（15～18頁参照）によると、1978（昭和53）年、地方に残っている在来野菜の全国調査が行われ、山内喜平さんは県職員として関わるなかで、伊吹町に「ケッカラシ」という大根を作っている人がいると聞き、堀江たづさん（旧伊吹町）を訪ねた。たづさんは、「祖先様から代々受け継いできた大根であるが、年をとり作れなくなったら祖先様に申し訳ない」と話し、作ってほしいと懇願され、山内喜平さんは種子をもらい受けた。

山内喜平さんは、「ケッカラシ」とよばれている伊吹地域のダイコンの文献を調べるなかで『本草図譜』巻46の中に抽象的ではあるが「根身（根の長さ）の上部は赤紫である」「根身は短くやや尻太で尻づまり型である」と解釈できる記述を頼りに播種、育成しながら原形復元に取り組んで行く。最初の年は170本生育したが、文献の文言に近いものは6本しかなかったと書いている。それから毎年、試行錯誤の固定選抜が繰り返され、18年経った1996年に約70%までそろう品種に固定でき、堀江たづさんとの約束を果たしたとつづっている。

伊吹大根は、水分が少なく硬い肉質であることから漬物にも向き、町おこしの一環として加工場がつくられ、上板並漬物加工組合（旧伊吹町）などから「ケッカラシ大根漬」などが販売されるようになった。また、農業生産法人㈲「伊吹そば」は、山麓にソバの栽培から、レストランまで手掛けるそば処「伊吹野」を立ち上げ、自家栽培した伊吹大根のおろしをそばの薬味として使っている。

山内喜平さんによって純系に固定選抜された種子は、地域資源活用施設・伊吹の里「旬彩の森」（道の駅）などに引き継がれ、「旬彩の森」に登録するおよそ25戸の生産者に毎年配布され、45ha余の畑で栽培されている。生産者の一人、前澤静尾さん（1938年生まれ）の畑の様子を見ることができた。「旬彩の森」に引き継がれた種子は、山内喜平さんの思いを受けて、当然、母本選抜が行われ、交雑を防ぐためにJAレーク伊吹の支援を得て管理されている。一方、同じ蘇《よみがえ》った種子によって「峠の大根」の名で売り出す生産者や農業生産法人伊吹そばは自家採種して栽培している。もともと同じ種子であったが、それぞれ思いによって、選抜採種されていくと固定選抜の難しさから、交雑によって、本来の形態などが失われていることも考えられる。伊吹地域で栽培される伊吹大根の種子は、地域として統一した母本選抜と交雑防止を厳格にした採種管理が望まれる。

伊吹大根自家栽培（2018）

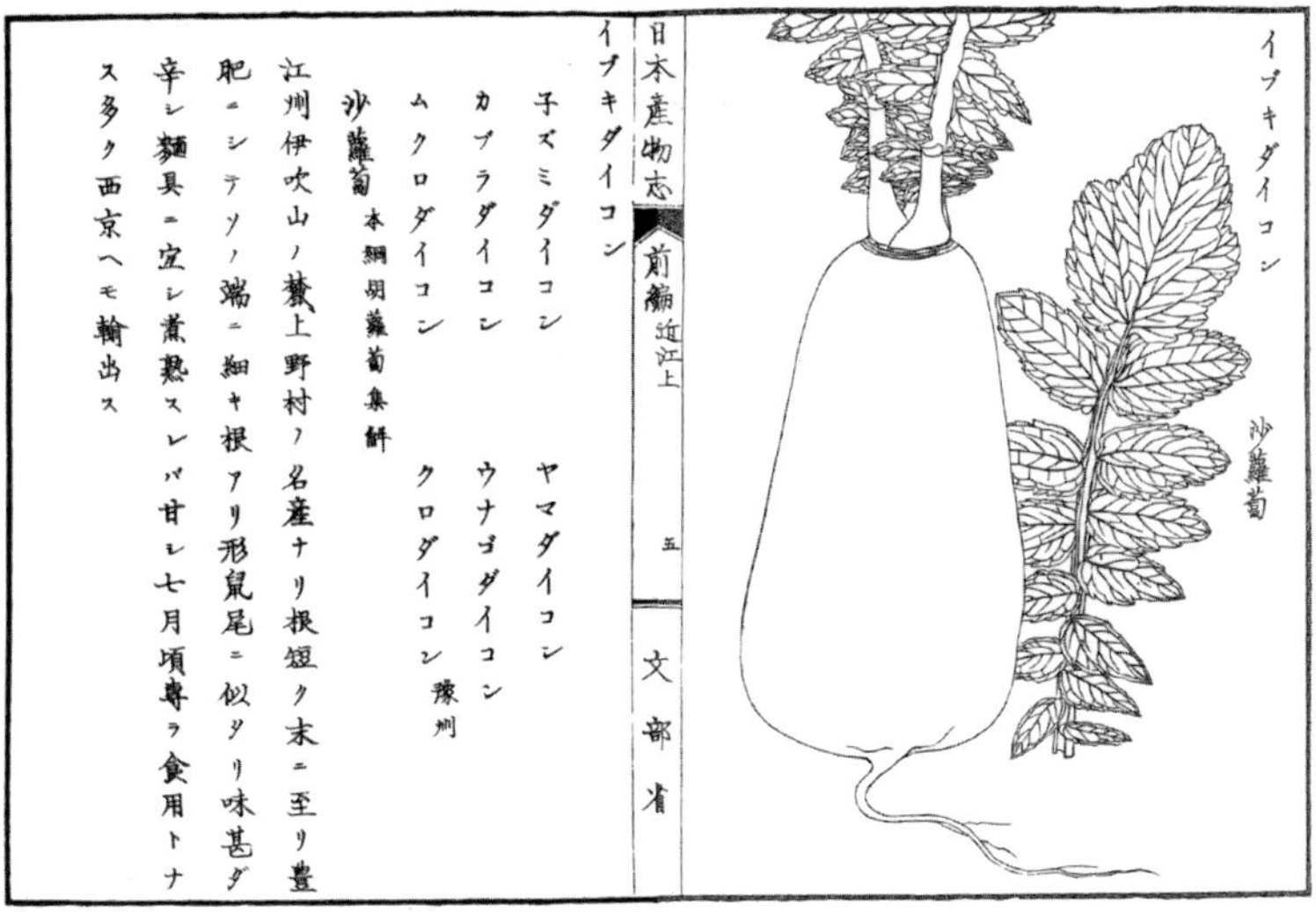

イブキダイコン
沙蘿蔔
日本産物志 前編 近江上 五 文部省

イブキダイコン
子ズミダイコン　ヤマダイコン
カブラダイコン　ウナゴダイコン
ムクロダイコン　クロダイコン 豫州
沙蘿蔔 本綱胡蘿蔔集解
江州伊吹山ノ麓上野村ノ名産ナリ根短ク末ニ至リ豊肥ニシテソノ端ニ細キ根アリ形鼠尾ニ似タリ味甚ダ辛シ麪具ニ宜シ煮熟スレバ甘シ七月頃専ラ食用トナス多ク西京ヘモ輸出ス

『日本産物志』（前編近江上参照）
国立国会図書館デジタルコレクション

収穫された伊吹大根（2012）

栽培畑（農業生産法人㈲伊吹そば 2018）

糠漬け（2017）

漬け込み中の伊吹大根（2016）

おろしそばの薬味に使われている伊吹大根（農業生産法人㈲伊吹そば 2019）

山田ねずみ大根

山田ねずみ大根は、伊吹大根が京都に伝わり、桃山ダイコンになり、その桃山ダイコンの近縁であるともいわれている。京都の名木はもとより京野菜まで書かれた『古都名木記』（2～3頁参照）と「京都特産蔬菜《そさい》の品種及び来歴に就て（3）」（13頁参照）には、大亀谷大根（深草村）と桃山大根（堀内村）の記述に「桃山大根は、栽培地の大亀谷から移したもので、別名を大亀谷大根といわれているが、近江ねずみ大根より選出したものである」旨が書かれている。

山田ねずみ大根は、白首、根の長さ20～25㎝余りの小振りで、尻づまり、北支系ダイコンの特徴を持っている。純白で肌は美しく、肉質はよくしまっているがやわらかい。主産地は、名前が由来する草津市北山田地域であった。北山田地域は、天井川とよばれていた旧草津川最下流域に位置し、三上・田上・信楽県立自然公園域の田上・金勝山地の風化土砂が運ばれた沖積地である。沖積土は、排水がよい砂質土壌である。桑園・養蚕が行われていたが野菜栽培地に変わっていくなかで山田ねずみ大根が作付されるようになった。

北山田地域では、1908～1912（明治41～大正元）年には農産物の第一位を山田ねずみ大根が占め、作付面積23町歩（22・8ha）、22万貫（825t）の生産があった。最盛期は、1935（昭和10）年頃で、

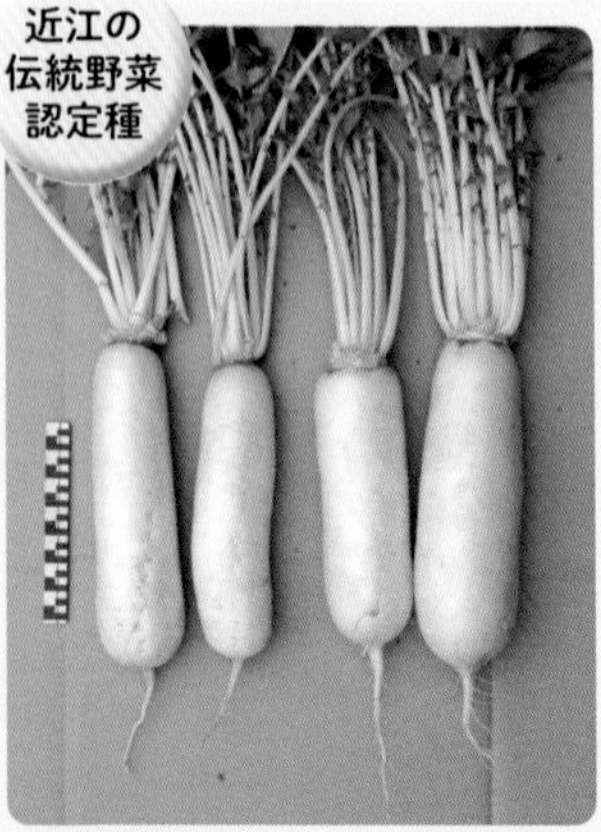

発祥地

草津市
山田地区

山田ねずみ大根の需要が激増して、舟で大津に運ばれ、大津市民の食料になり、さらに京都卸市場に出荷されていたとある（『草津市史』第4巻、179頁参照）。北山田地域に生産組合が設立（1949年）され、産地が拡大するのに伴い漬物用のダイコンのみならず、トマト、キュウリなどハウスによる施設栽培が行われるようになると、作付される野菜の品目も多くなった。そのことなどから1970年頃には山田ねずみ大根の栽培は、北山田地域では少なくなっていった。しかし、草津市内の農家は、F1種の大根をつくる一方で、漬物には山田ねずみ大根でなければ、とのこだわりから自家用としての栽培を続けていた。

山田ねずみ大根は、漬物用が最たる用途であるが、一般的な大根と同じように、おでんなどの煮物はもとより、刺身のツマ、天ぷらのつゆの薬味、焼き魚のつけ合わせ、貯蔵野菜として切干大根などに使われてきたが、漬物用としての需要が低迷するなかで山田ねずみ大根を売り出すために行政もJA草津市も模索を続けている。

近年の山田ねずみ大根の生産は、栽培農家4戸、生産量17・5tが出荷されている（「平成26年度実績野菜の生産販売状況」）。こうしたなかで山田ねずみ大根の衰退を憂え、青地地域（草津市）に住む6人が継承に声を上げ、「青地野こんこん会」を結成して活動をしている。山田ねずみ大根の種子は、代表の青地吉継（1940年生まれ）さんが先代から引き継ぎ、自家用の漬物として栽培を続け、選抜を繰り返し、守ってきたものである（「こんこん」とは、この地域で使われる言葉でダイコンの漬物を言う）。

「青地野こんこん会」は、住宅開発に追い詰められた青地町山手の市街化調整地域に残っている果樹園跡地の畑で毎年2反（20a）あまり栽培している。収穫日に取材したが、収穫、洗い、選別、藁で10本結束し、JA草津市の直売所・あお花館へ出荷する。

その出荷準備の中で採種用の母本選抜が行われ、採種、販売用からはねられたものが自家用の漬物用になる。

山田ねずみ大根の種子には、滋賀県種苗生産販売協同組合の市販種子がある。一方、「青地野こんこん会」が自主採種し継承してきた山田ねずみ大根の種子から栽培された山田ねずみ大根の種子もある。それらの種子から栽培された山田ねずみ大根の形態は、目視であるが比較すると少し異なる。市販種子を栽培したなかには青首種と交雑したと考えられるものや、根の長いものが混ざっている。固定選抜の難しさが素人目にも形態からわかると青地吉継さんは話していた。

山田ねすみ大根（左）伊吹大根（右）

収穫された山田ねずみ大根（青地野こんこん会 2018）

収穫（青地野こんこん会 2018）

糠漬け（香香）

ぜいたく煮

カブ（カブラ）

原産地は諸説ある。南ヨーロッパ地中海沿岸産とする一元説、西アジア特にアフガニスタンを中心に一次的原産地があり、それが西および南ヨーロッパに伝わって二次的原産地になったとする二元説。それ以外にも地中海域・北ヨーロッパ・シベリアなどで発達したとする多元説がある（『改訂増補　栽培植物の起原と伝播』104頁参照）。

日本には早くに伝来していたと考えられ、『日本書紀（五）』（290頁参照）の持統天皇7年3月条には「桑《くは》・紵《からむし》・梨《なし》・栗《くり》・蕪菁《あをな》等の草木《くさき》を勧《すす》め殖《う》ゑしむ。以《これをも》て五穀《いつつのたなつもの》を助《たす》くとなり。」とあり、桑は蚕を飼い糸にする、苧（真麻《まお》）は皮から糸を紡ぎ、布を織る。蕪菁は五穀を補うとある。五穀は米、麦、粟、豆、黍《きび》である。

中尾佐助は、『農耕の起源と栽培植物』（217〜218頁参照）で、カブラsetlineを示し、日本へ伝来したカブには異なる2系統があることを提唱した。この2系統に属するカブの品種は、若狭湾から伊勢湾を結び滋賀県を通るカブララインにより西のカブを東洋系カブラとし、ラインの東に分布するカブを西洋系カブラとよんでいる。

一方、日本の種子学を確立した近藤萬太郎（1883〜1946）は、野菜の種子の解剖学研究からカブの表皮は2大別したA型、B型の二つの形態があることを明らかにした（『日本農林

種子学 後編・各論』(250頁参照)。さらに、1952年滋賀県立農業短期大学の澁谷茂らは「種子の表皮型に依る本邦蕪菁品種の分類」(43頁参照)において種子の表皮に近い部位をハンドセクションによって細い試料をつくり、その試料を水でマウントとして顕微鏡下で観察した。その結果、表皮細胞の形態によってA型B型に大別した。A型は表皮細胞が吸水すると膨張して判然とした独立細胞層が見えるが、B型は吸水しても表皮細胞は扁平な薄い膜状であることから分類をした。その結果、わが国に古くから存在するいわゆる和種系カブの多くは、A型であり、洋種系カブはB型であることが明らかになった。

そして青葉高は「本邦における西洋系カブ品種の分類」(403頁参照)においてわが国の多くの在来カブ品種について種皮型から一部A、B混合型も存在するがA型品種は中部地方以南に、B型の種皮型の品種は中部地方以北に分布することを明らかにした。

矢澤進らは、発想の転換から各地で栽培されている在来カブ品種の種子がセライトによって粉衣されるA型とされないB型に識別できることを見いだした(「*Brassica campestris* L. の種皮型の簡易識別法」(86頁参照))。澁谷、青葉の研究及び矢澤らの簡易識別法などによって各地に存在する在来カブの研究が進んだ。

滋賀県で栽培されている在来種のカブは、カブラインには幅があること考えると東洋系(和種系)と西洋系(洋種系)が交雑、混在している品種があるではないかと思われたが、筆者の実験結果から西洋系(洋種系・B型)は山カブのみであった。あとの品種は東洋系(和種系・A型)であった。

東西を分けるカブラライン
（『農耕の起源と栽培植物』217頁の図44を元に作成）

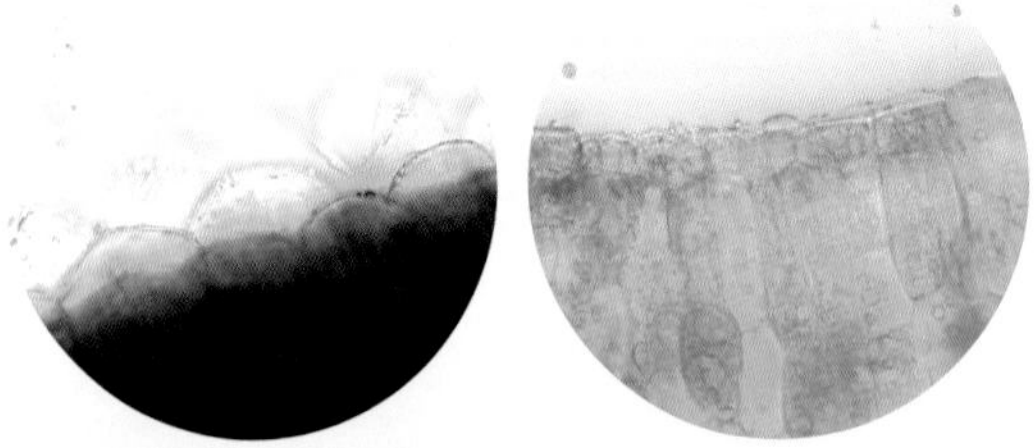

左：A型　右：B型
表皮顕微鏡観察
（「滋賀県在来カブの継承に向けた実践的研究」21頁参照）

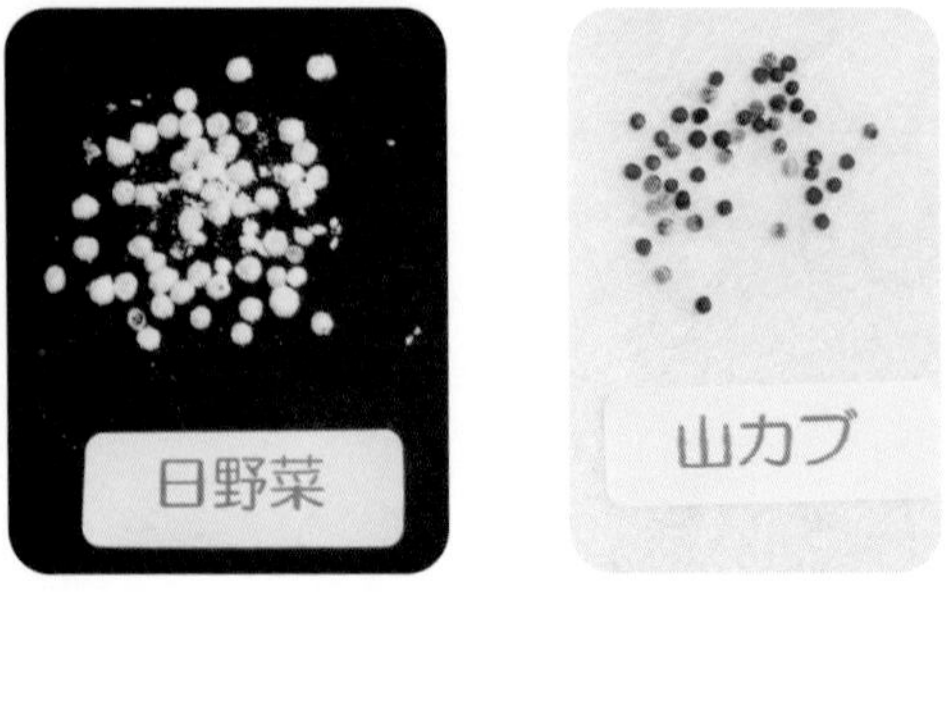

セライト紛衣による
種子の簡易型識別
左：A型種子（日野菜）
右：B型種子（山カブ）
（「滋賀県在来カブの継承に向けた実践的研究」21頁参照）

滋賀の在来カブについて

滋賀県はカブラインの境界域にあることから2系統のカブの形質を『日本の野菜文化史事典』（340〜341頁参照）を参考にまとめる。

A　東洋系（和種系・A型）のカブ

種子は一般に大きく、水でマウントして顕微鏡観察すれば、表皮細胞が膨張することからA型に分類される。草姿は葉が立ち、葉に毛がなく、すべすべした切り込みの無い、枇杷《びわ》形の品種が多い。とう立ち（抽苔《ちゅうだい》）が早く、花が咲くのも早い。

B　西洋系（洋種系・B型）のカブ

種子は小形で、表皮細胞は吸水しても膨張しないB型に分類される。草姿は一般的に開帳している。新芽（嫩葉《どんよう》）には毛が著しく、成葉は程度の差はあるが毛があって、ざらざらしている。葉の形態はダイコン葉のように切れ込みのあるものが多い。とう立ち（抽苔）が遅く、開花も遅い。

全国の在来カブは、『野菜の地方品種』には、78品種が収録されている。滋賀県における在来カブの品種の記録は、「滋賀県に於ける蕪菁の品種と其の栽培（1〜3）」に9品種、「滋賀縣の特産〝かぶ〟」（252〜254頁参照）に11品種、「湖国で生れ育ったカブあれこれ（その一・二）」（その一34〜35頁、その二32〜33頁参照）に9品種の記載がある。現在栽培されていない品種もあるが、種子が保存されている品種を加えると、12品種である。その発祥地と伝えられる生育地域を次頁の図に示した。

在来カブの発祥地は、はっきりしていない。焼畑により栽培されてきた山かぶらを除き、琵琶湖へ注ぐ芹川、犬上川流域（彦根市）には大藪かぶら・小泉紅かぶら、愛知川流域（愛荘町）に信州カブ、野洲川流域（守山市）には守山矢島かぶら、知内川流域（高島市マキノ町）には蛭口カブ、安曇川流域（高島市安曇川町）の万木かぶ、尾花川（大津市）の近江かぶらがある。それらの栽培地はいずれも河川がつくりだした水はけのよい砂質堆積地である。また、日野菜は古琵琶湖層の砂質地層、さらに赤丸かぶ、入江カブは浜堤や砂洲である。北之庄菜は内湖の中州である。

カブはアブラナ科（十字花科）の野菜である。アブラナ科の野菜は、健全な雄蕊《おしべ》・雌蕊《めしべ》を持っていても、自身の花粉では種子ができにくい自家不和合《じかふわごう》という性質がある。一方、品種の異なるカブを含めアブラナ科の同属野菜であれば交雑しやすい。滋賀県の在来カブの多くは交雑によってできたものと考えられている。赤色で丸いカブ、根元が赤紫色のカブ、細長いカブなどバリエーションが多く、葉の色は緑色が普通と思われているが、紫紅色もある。

筆者は、地域の食文化を研究するなかで、滋賀県には多彩な在来カブがあることに着目し、滋賀県在来カブの栽培地の調査を重ね、在来カブの継承に向けた研究から在来カブすべての品種を栽培してきた。その研究における品種名は、日野菜を除き全て○○カブで統一したことから、本書の品種名の表記と異なっている。

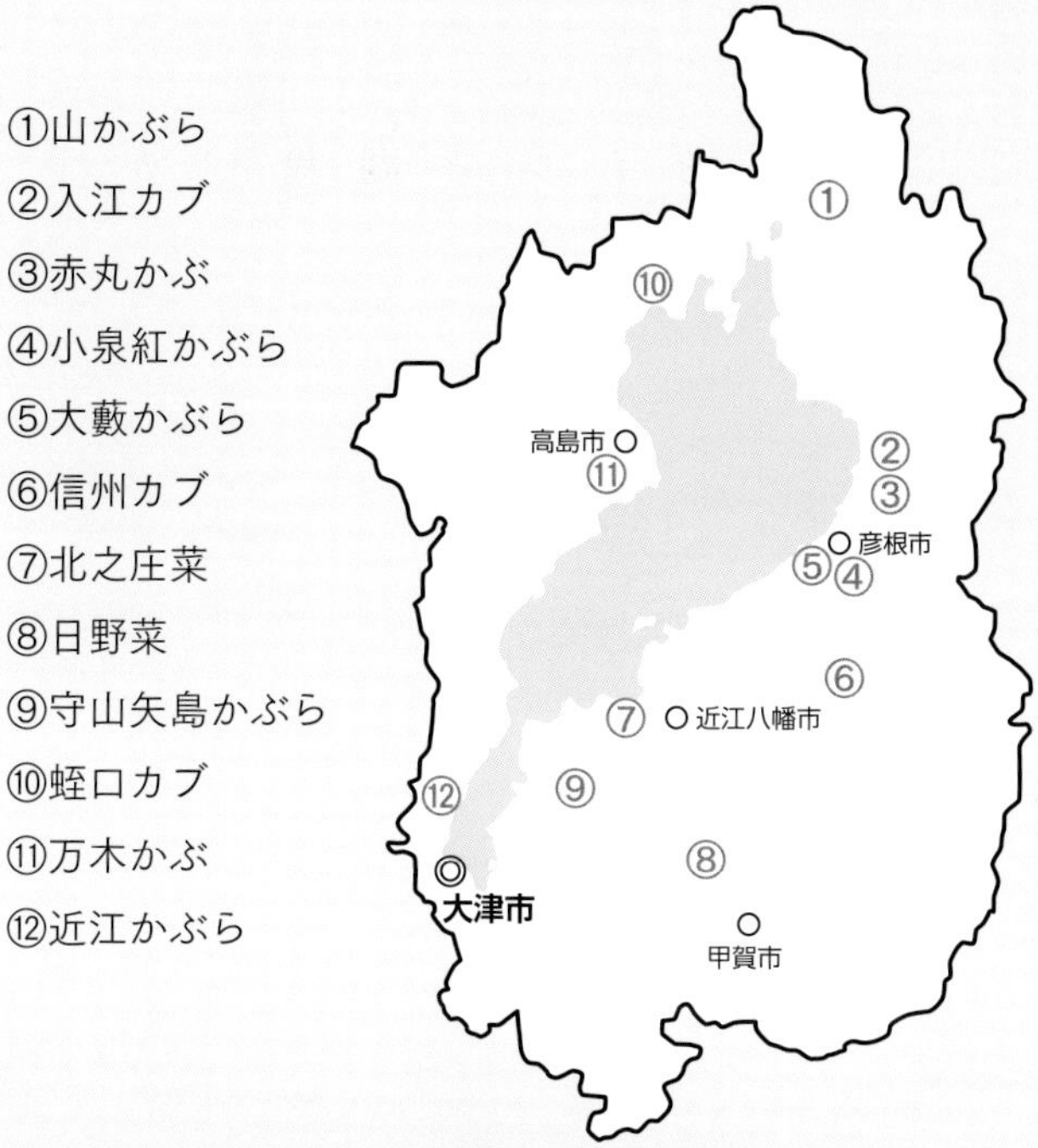

在来カブの発祥地
（「滋賀県在来カブの継承に向けた実践的研究」を元に作成）

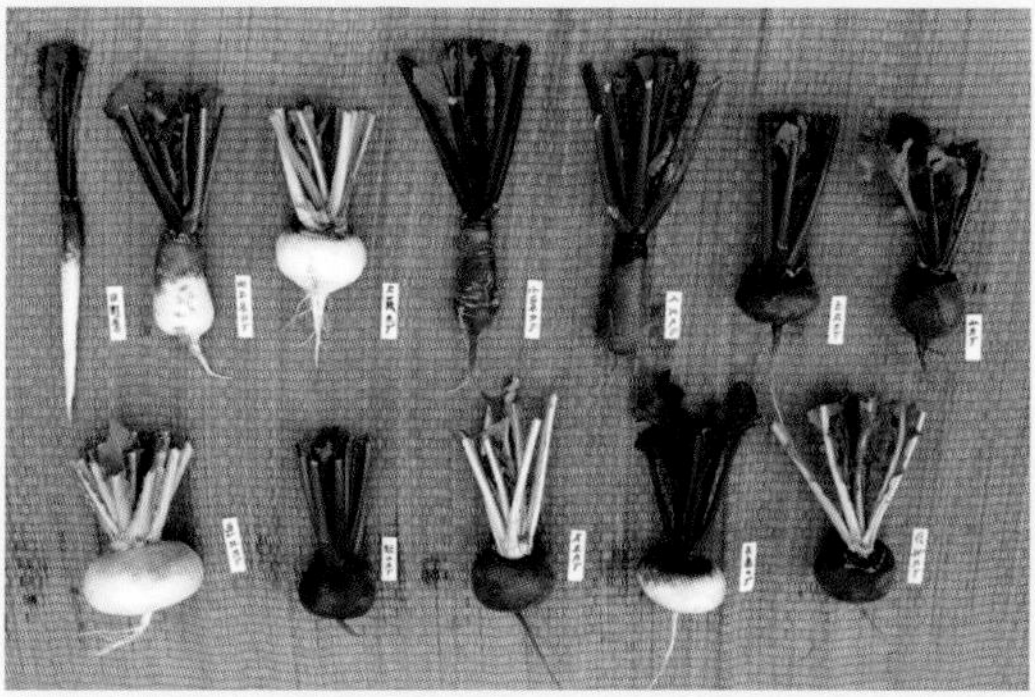

在来カブ12品種の根形葉柄の色、抽根部の色（2014）
（「滋賀県在来カブの継承に向けた実践的研究」において筆者栽培のカブ）

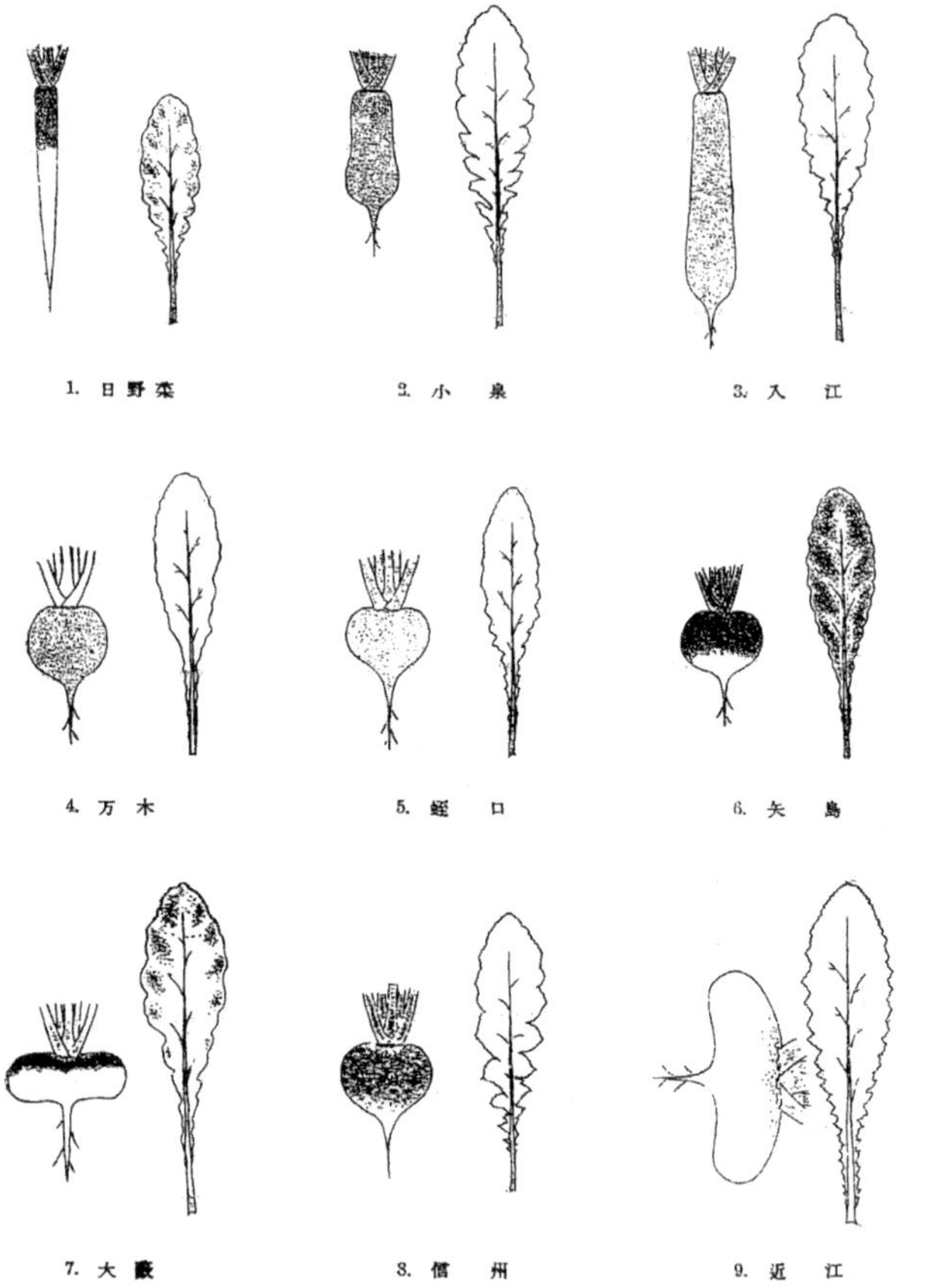

蕪菁品種の形態
「滋賀県に於ける蕪菁の品種と其の栽培（1）」（88頁参照）
『農業及園藝』第16巻第10号、養賢堂、1941年

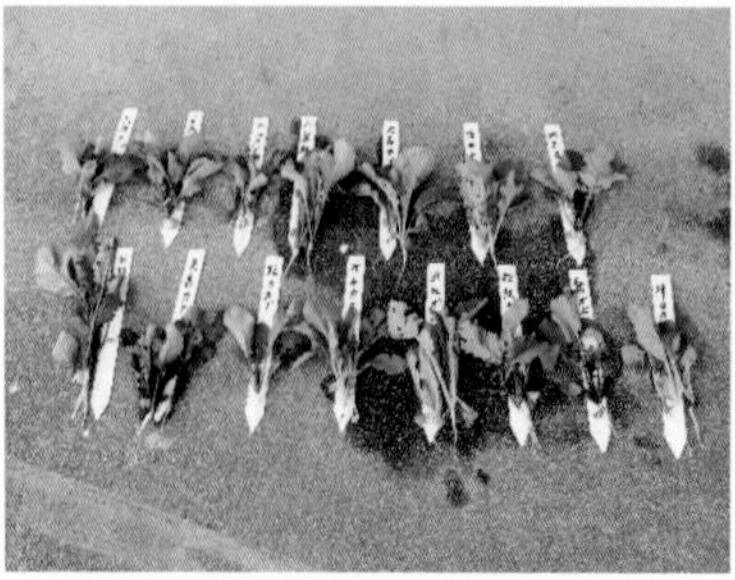

筆者栽培中に間引いたカブ（2014）

筆者栽培風景（2014）

山かぶら

山かぶらは、高時川流域の山間地域（長浜市余呉町）の焼畑によって栽培されてきた赤カブである。外皮は赤色で、中身は白く、中心付近に赤い斑点が多くある。漬物にすると全体が鮮やかな赤色になる。

来歴は、福井県敦賀地域に同じような赤カブが存在することから、敦賀・大飯・遠敷《おにゅう》・三方の4地域が1876～1883（明治9～16）年の間、滋賀県の行政区であったことと結び付けられ、福井県から種子が持ち込まれたのではないかと伝わるが、真偽は定かでない。

1965（昭和40）年頃までの同地域は、谷川に沿って山間地の狭い水田には稲が作られ、畑には養蚕の桑畑、ダイコンやカブなどは、山裾の焼畑によってつくられていた。湖北の山間部には焼畑の栽培地があったが、焼畑を続ける人もいなくなっていく中で、山かぶら栽培を続けていた永井邦太郎さん（故人）のもとに、2007（平成19）年、焼畑の復興と森づくりによる地域活性化の実践研究をしたいという研究者や京都学園大学、京都大学、滋賀県立大学や一般の人たちがやってきた。それ以来、本格的な焼畑による山かぶらの栽培が、摺墨《するすみ》山菜生産加工組合や中河内（長浜市余呉町）地域の協力を得て行われている。

栽培地は、昔焼畑が行われた場所で、長年放置され雑草や雑木が生い茂っている山裾の傾斜地である。

発祥地

長浜市
余呉町地域

6〜7月に下草刈り、雑木を伐採して乾燥を図り、8月上旬に火入れ、播種する。その後、獣害防止の柵などを施し、途中2〜3回間引きをして生育を見守り11月に収穫する。まったく自然の農法である。焼畑でつくったカブは、肥料も農薬も使用していないので年によって収穫にばらつきがある昔ながらの方法によって栽培され研究が続けられている。

栽培されている山かぶらの種子は、永井邦太郎さんから引き継いでいる。そのカブの形態的特徴は、前述したカブラインの東側から伝わったと考えられるB型の赤カブで、葉は開帳して地面に広がり、ザラザラした毛がある。前述の筆者の実験結果もB型としたが、『野菜―在来種の系譜』（147頁参照）では種皮型はA型、洋種系と和種系の遺伝子を併せもつ品種としていることなど考えると、山かぶらはA、B混合型としておく。

山かぶらは、かつては集落ごとに根形の異なる丸形、扁平な丸形、下ぶくれ形などがあった。永井さんから栽培を引き継いだ時点ですでにこれらが交雑していたようで、形態的に丸形、やや下ぶくれで円筒形に区別できる2系統のほか、細長い形など変異があった。現在種子の維持は、収穫時に2系統に母本選抜が行われ、県立大学環境学科部において専用のハウスに植え替えられ採種されている。

研究者の努力は続いているが、山間地の小さな集落は、過疎化が進み限界集落とまで言われ、後継者はもとより栽培する人がほそる現状を目の当たりにして先行きを憂える。

葉形と色、葉柄の色（2014）

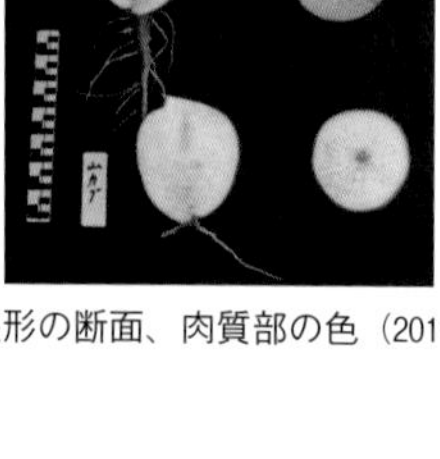

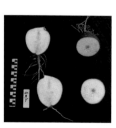

根形の断面、肉質部の色（2014）

焼畑風景（長浜市 2018）

根形の丸い山かぶら（2016）

焼畑の栽培畑で育つ山かぶら（長浜市 2019）

2008年 11月8日

希少な焼き畑農業 健在

急斜面に赤カブ

永井さん 無肥料、無農薬で収穫

中日新聞2008年11月8日付

入江カブ

明治時代の滋賀県地図を見ると琵琶湖の周辺には40余りの内湖があった。その一つ入江内湖（米原市）は、第二次世界大戦で食糧事情が窮迫する1944（昭和19）年から干拓が始まり、1949年に完工した。今は見る影も無いが、琵琶湖と入江内湖の間に位置していた筑摩地域（米原市朝妻、筑摩）を中心に周辺の集落では古くから赤カブラとよばれるカブが、内湖の藻をかき揚げて肥料とし、栽培されていたと伝えられている。

入江カブは、小泉カブの中から明治時代の初め（1868～）に選抜されたと伝えられ、現在の小泉紅かぶら（本書66頁）によく似ているが、小泉紅かぶらの原形より、根尻部の形が流れ、ややとがって根が長い特徴がある。その根の形態は直径3㎝余り、長さ17～18㎝である。

入江カブは、小泉紅かぶらより栽培が容易で、品質がよくそろうことから、小泉カブと区別し、入江カブとして栽培するようになっていった。栽培地も入江内湖の周辺地域の下多良、中多良（米原市）、彦根市松原町に広がり、肉質がややかたい特徴から歯ざわりのよい漬物・赤カブ漬けにして土産物や京都市場まで、出荷していたと伝えられている。戦後の最盛期には松原の湖岸で行われていたカブのはさ掛けは入江カブであったと地域のタネ屋「種源」の北

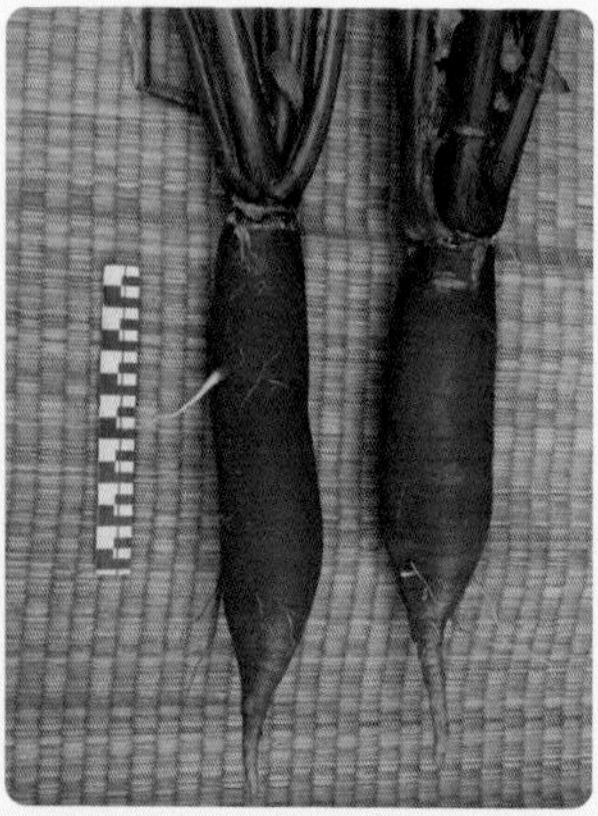

発祥地

米原市
筑摩地域

村三雄さん（1945年生まれ）から聞くことができた。

栽培品種の変遷は、入江カブの中から見いだされた赤丸かぶ（本書63頁）に代わり、入江カブの栽培は、1987年頃には数戸の農家になってしまい、現在はどこにも栽培地はない。幸いにして種子は、滋賀県農業技術振興センターに保存されていた。その種子は、交雑が繰り返されてきたと考えられ、栽培してみると小泉紅かぶらと区別しにくい形態に戻っていた例が数多くあった。

交雑した入江カブ（右 2010）

入江内湖「彦根２万分の１」大日本帝国陸地測量部
（1895年版に加筆）

葉形と色、葉柄の色（2014）

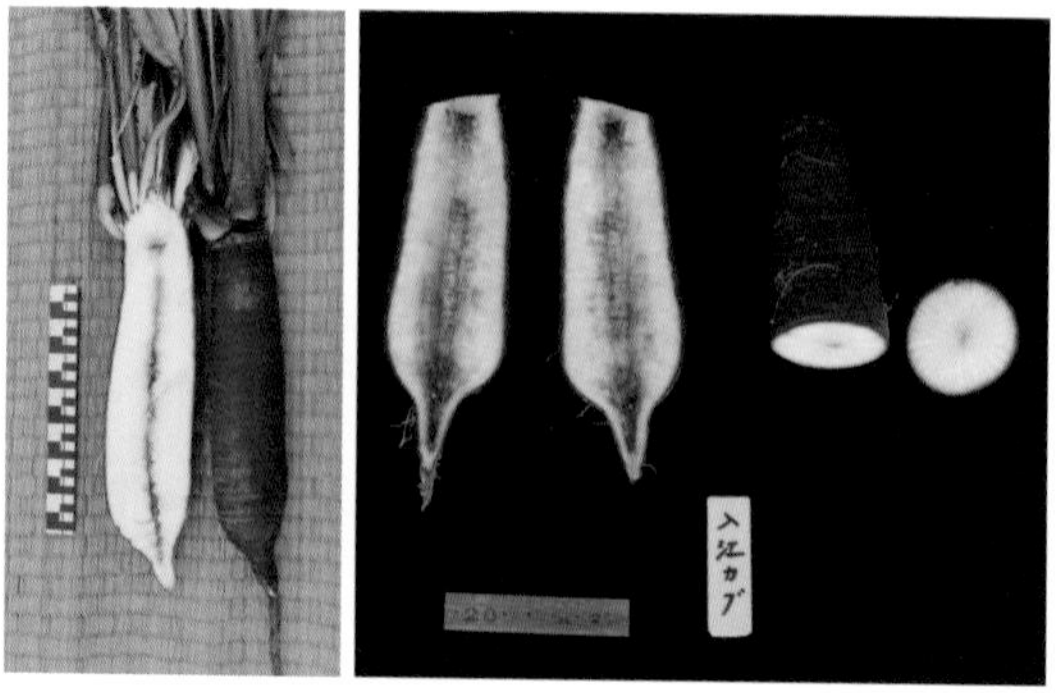

根形の断面、肉質部の色（2014）

小泉紅かぶらと区別しにくい形態がまざる入江カブ（2014）

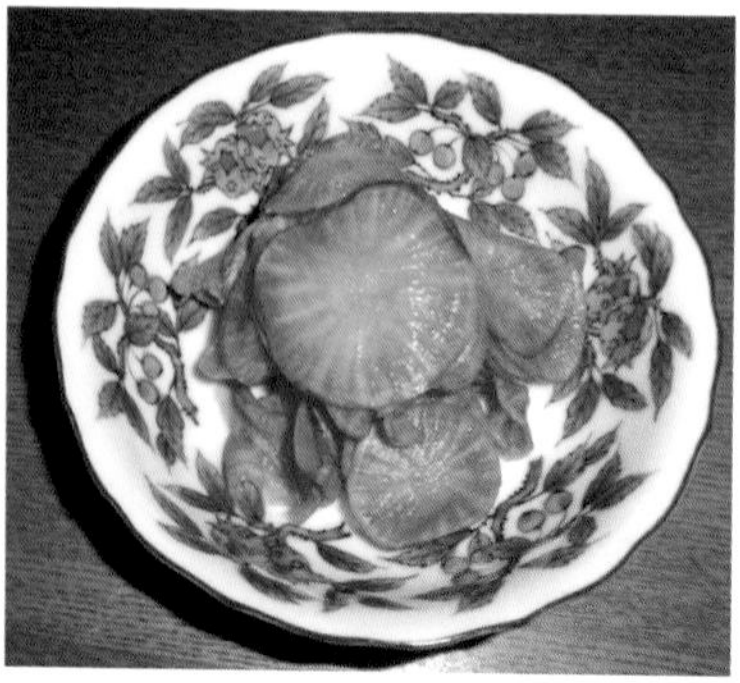

甘酢漬け

糠漬け

赤丸かぶ

赤丸かぶは、「滋賀県に於ける蕪菁の品種と其の栽培（1）」（85〜90頁参照）に品種として記録のないカブである。入江カブの栽培のなかから形態の異なる球形のカブ（赤丸かぶ）が選別され、１９５０年以降栽培が進んでいった。入江カブと比べ肉質がやわらかく、漬物にすると甘くなるなどの特性が好まれたと考えられている。

赤丸かぶは、名前の通り根の形態は丸くやや扁平、全体が赤いカブである。根茎は直径が８㎝余りになる。茎は赤色、葉は緑色である。根を輪切りにして観察すると白地に赤い斑点がある。赤い斑点はアントシアニン色素で漬物にするとカブ全体が赤く染まる。

赤丸かぶの種子は、数年前までは生産者が母本選抜を個々におこない採種用地に植え替えて採種していた。しかし、周りの畑には採り残しのカブやアブラナ科の野菜の花が咲いているなど交雑防止が十分でなかった。固定種の継承維持は、地域全体の栽培者が一体となって交雑防止対策を施して、行われないと品種としての存続が危ぶまれる。現在は地域ブランド化の取り組みからＪＡレーク伊吹の指導によって母本選抜が厳格に行われ、採種した種子は栽培農家へ配布され、個体差の出ない系統維持に取り組んでいる。

栽培者は、ＪＡ伊吹に所属する赤丸かぶ出荷グルー

近江の伝統野菜認定種

発祥地

米原市
米原地区

プ13人を中心に約1haの畑で栽培し、加工業者の注文に応じて出荷するほか、グループ自らも糠漬け、酢漬けなどに加工して直売所や道の駅に出荷している。また、若い人向きにカブドレッシングなどが開発され、米原市商工会はネット販売にも取り組んでいる。

栽培畑（米原市 2018）

根元（2018）

はさ掛け（米原市 2018）

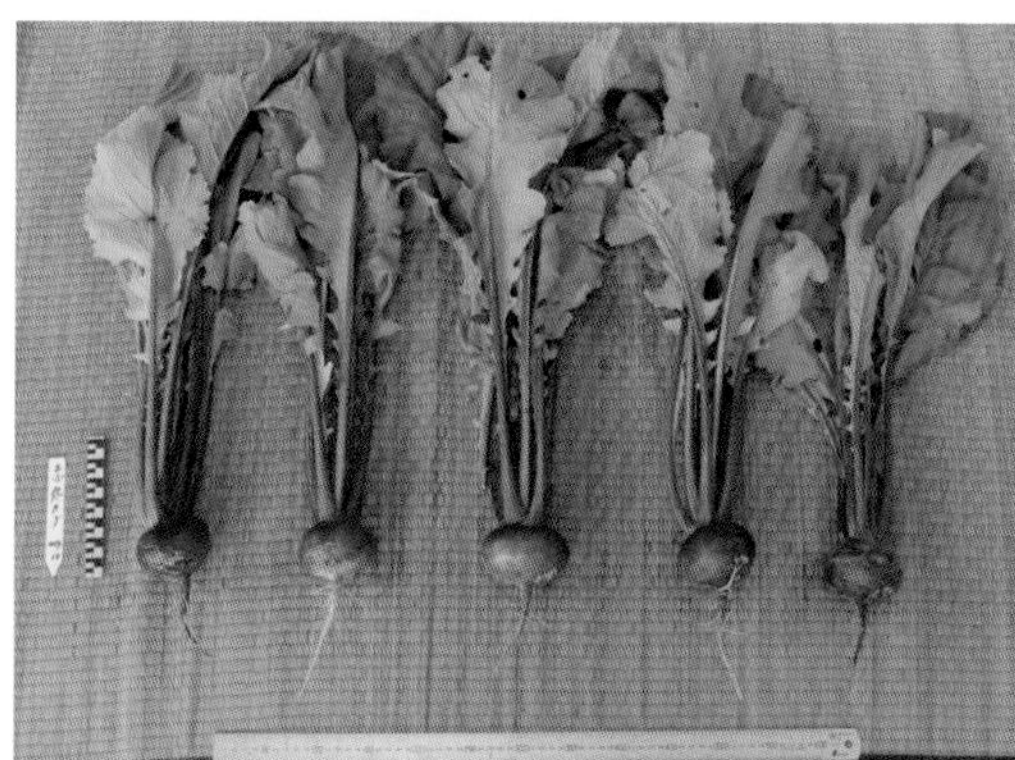

計測用に並べられた赤丸かぶ
「滋賀県在来カブの継承に向けた実践的研究」（2015）

葉形と色、葉柄の色（2014）

根形の断面、肉質部の色（2014）

小泉紅かぶら

小泉紅かぶらは、江戸期、彦根城主井伊家の庭の手入れをしていた小泉村（現彦根市）の住人が見つけ、栽培を許されたのが始まりと伝えられている。小泉紅かぶらの栽培記録は、井伊家に残されていた重要文化財『御膳方判取帳』に「新七という農民が赤カブ２００本納めた」という記録がある。栽培は、福満村（現彦根市）や小泉村などで行われ、彦根（小泉）カブともよばれてきたが、現在は小泉紅かぶらである。

　小泉紅かぶらの根の形態は、長さ17㎝そこそこの円筒形で尻部が電球のように膨らんでいる濃赤色のカブである。肉質部の色は、中心に長く濃紅色を帯び、周りは淡い紅色をしている珍しい品種である。肉質は硬いものの、甘酢漬けにすると濃赤色に発色して、酸味を帯びた風味でさわやかな歯ざわりである。

『滋賀県市町村沿革史』（５８１頁参照）によると、１８７８（明治11）年には２万貫（約75ｔ）の記録が残っている。時代が大きく変わる１９６０（昭和35）年頃までは盛んに作られていたが、その後、地域では見ることがなくなっていた。

　１９８５（昭和60）年彦根市で開催された「世界古城博」の協賛事業として小泉園芸クラブが地元のタネ屋「種源」に残っていた種子をもらい受け栽培した。しかし、継続することが難しく、栽培は中断していた。本格的な復活を見据えた栽培は、「井伊直弼と開

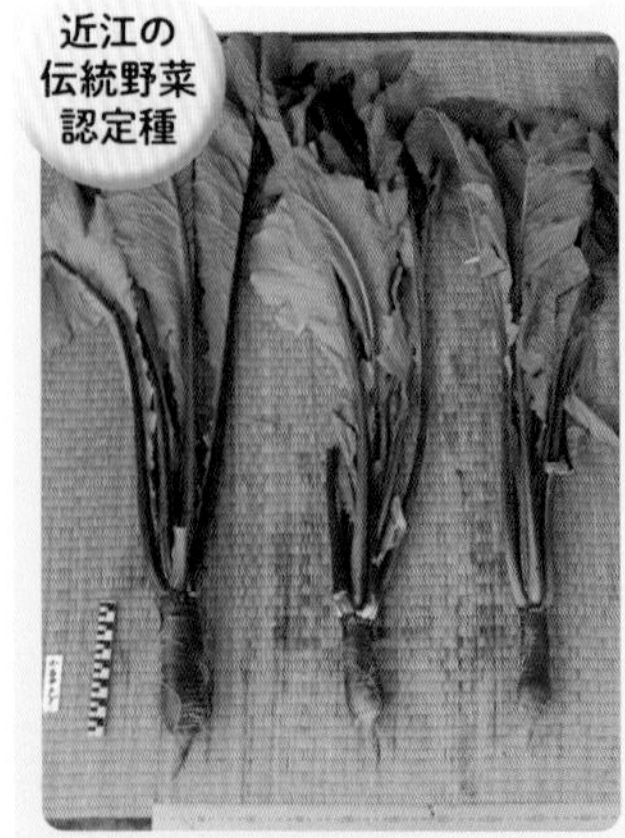

発祥地

彦根市
小泉町

国150年祭」(2008年)における市民創生事業の取り組みによって小泉町の市民グループ「小泉町八王子倶楽部」が組織化され、再び小泉紅かぶらが栽培されるようになった。それ以来、地域の子供会や老人会とともに毎年栽培し、地元の氏神・八王子神社の境内で漬物用にはさ掛けして、会員に配るなどしている。また、少量ではあるが漬物業者に引き取られ、地元すし店で甘酢漬が「ガリ」として季節限定で提供されている。

栽培畑(彦根市 2018)

葉形と色、葉柄の色(2014)

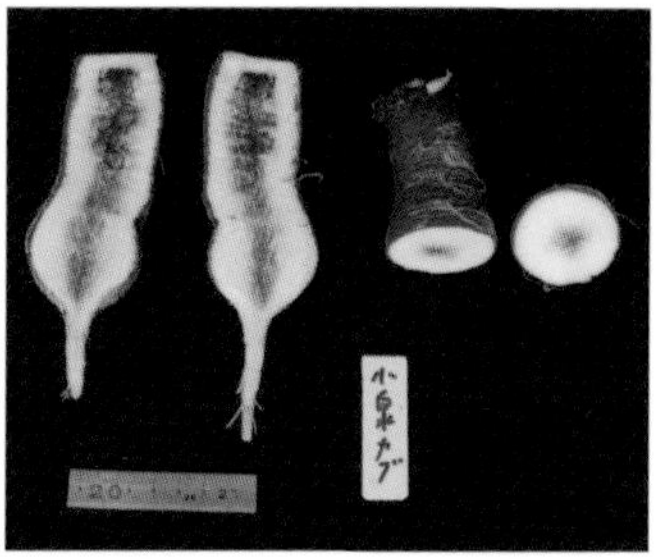

根形の断面、肉質部の色(2014)

収穫された小泉紅かぶら（彦根市 2019）

甘酢漬け

糠漬け

大藪かぶら

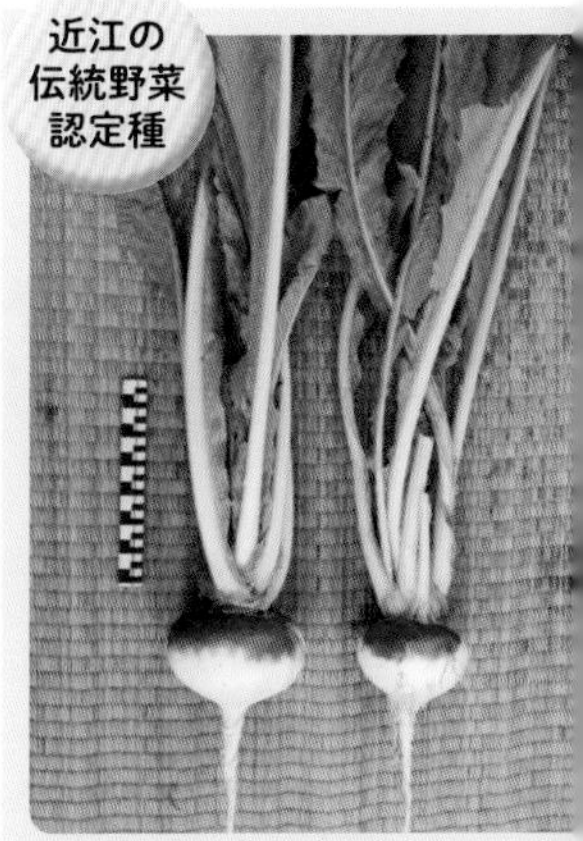

発祥地

彦根市
大藪町

大藪かぶらは、芹川流域の彦根市大藪町地域で栽培されているカブである。白カブと赤カブの交雑種であると考えられ、地上部に露出した部位は、紫色になる。土に覆われている部位は白色である。カブの根の形態は、直径12～14cm余りになり、やや扁平な丸いカブである。葉は楽器の琵琶の形をした緑色である。

大藪かぶら栽培の最盛期は、1958（昭和33）年頃で、地域の漬物会社が買い取り、漬物に加工していた。販売は彦根市界隈にとどまらず、日系人の多いブラジルへ輸出していた時代があったと伝えられている。1993（平成5）～94年頃には自家用に栽培する程度で、栽培者は年々減少していった。

昔から大藪かぶらを自家でつくり食べていたという年配者は、大藪かぶらはやわらかく、味噌汁と相性がよく、毎朝の食卓には欠かせない具材であったと言う。また、正月の雑煮は、おこわ餅と大藪かぶらが入った味噌仕立てであった。油あげと大藪かぶらを厚切りにした煮物などにも重宝され冬季の食材であった。

地元角川《すみかわ》藤四郎さん（故人）がタネ屋「安澤種苗店」（彦根市）に納入していた種子によって栽培されていたが、角川さんが亡くなり、種苗店に納められていた種子の在庫もなくなり、何とか大藪かぶらを守らなければと大薮地域の北村幾《ちかし》さん（1944年生まれ）たちによって2008（平成20）年、「大薮かぶら普及グループ」が結成された。角川さんの農小屋に残されていた種子を見つけ、種子を絶やさないことを考えて、複数人で毎年採種しながら、約100㎡の畑で栽培に取り組んでいる。

栽培畑（彦根市 2018）

2014（平成25）年には「ひこね市民活動促進事業」の支援を受け、地元地域の伝統野菜として普及させ、学区の幼稚園の給食用に提供するなど、地道な活動が続き、2018（平成30）年「近江の伝統野菜」に認定された。そのことによって、消費者の関心が集まり販路拡大が期待されている。

根元（彦根市 2018）

葉形と色、葉柄の色（2014）

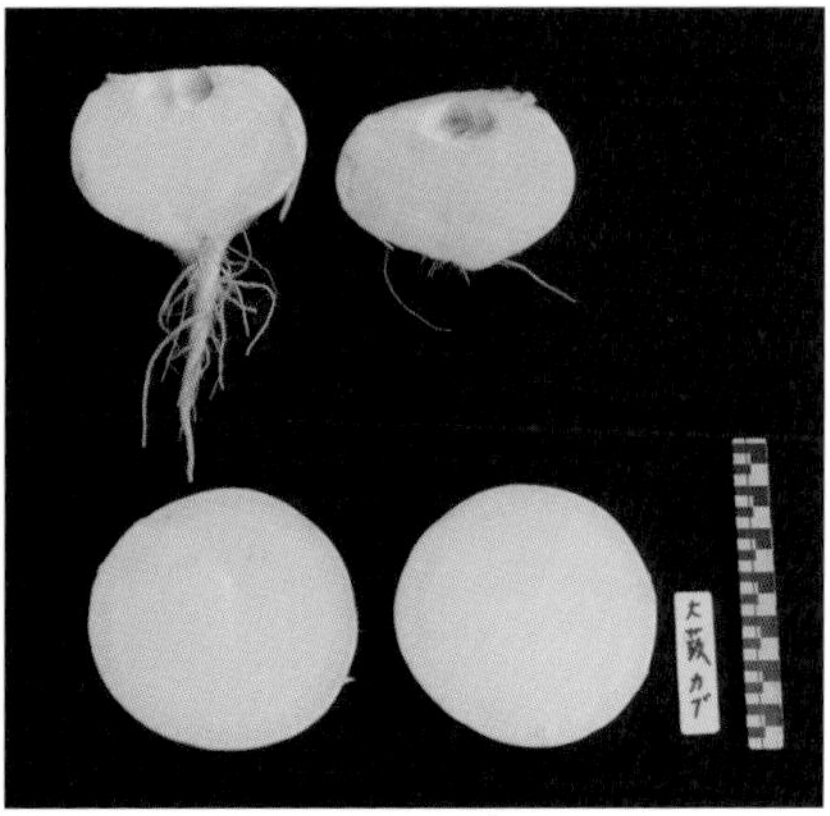

根形の断面、肉質部の色（2014）

はさ掛け（彦根市 2010）

信州カブ

発祥地

愛荘町
東円堂地域

信州カブの存在は、「滋賀県に於ける蕪菁の品種と其の栽培（3）」（66頁参照）によると、1868（明治元）年頃から愛知郡愛知川付近（現愛荘町）一帯で栽培されていた。木曽紅カブの変種と伝えられ、信州カブの名がついているが、その来歴は明らかでない。少なくとも1974（昭和49）年頃までは栽培されていたが、現在は栽培されていないと地域のお年寄りは話していた。

信州カブは、カブラインの東側にあるB型種として渋谷茂らは報告している（「種子表皮型に依る本邦蕪菁品種の分類」44〜45頁参照）。その特性は、開帳性、葉は緑である。カブの根の形態は球形、大きさはおよそ6〜8・5㎝、露出部の色は紫紅、地下部は淡紫紅色、肉質部は白とある。カブの利用は、もっぱら漬物であった。浅漬けにすると少々苦みがあるので、11月に糠漬けして翌年5月まで漬け置きして発酵を深めると苦みもなくなっておいしくなる。そうしたことから「5月たくあん」とよばれていた。かつて栽培地であった東円堂地域（愛荘町）を訪ねた。家庭菜園で見かけた年配者は、信州カブのことはよく知っておられたが、今は栽培してる人も畑に植えられているのも見たことがないと話された。

筆者は、滋賀県農業技術振興センターに保管されていた種子をもらい受け栽培した。その種子は、交雑が進んでいたと考えられるA型が認められた。カブの表面は、縦にくぼみの筋が入り、紫紅色が映え、滋賀県の在来カブの中でも異彩な品種であった。

滋賀県内の在来カブのなかで白色の品種は、近江かぶらのみである。色カブと交雑したと考えられ根の一部に赤紫色が出ている品種は、大藪かぶら、日野菜、北之庄菜、守山矢島かぶらがある。一方、山かぶら、赤丸かぶら、入江カブ、小泉紅かぶら、万木かぶら、蛭口カブは濃赤色である。滋賀県内のカブの交雑による色彩は、2系統である。信州カブは、大藪かぶらなどの交雑に影響したのではないかと考えられ、交雑した色彩によってルーツを解明する研究が進んでいる。(「滋賀県在来赤カブの特徴と多様性」1〜5頁参照)。

信州カブの種子はかろうじて残っているが、誰が守るのかが問われている。

計測用に並べられた信州カブ「滋賀県在来カブの継承に向けた実践的研究」(2015)

葉形と色、葉柄の色（2014）

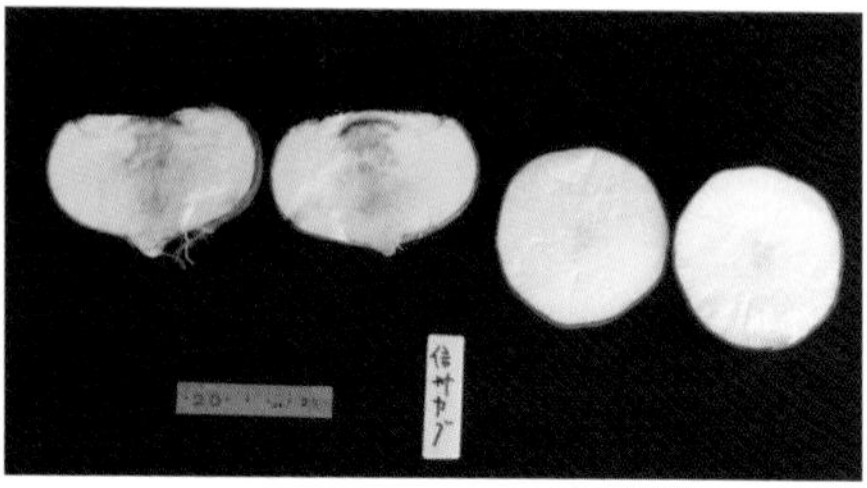

根形の断面、肉質部の色（2014）

甘酢漬け

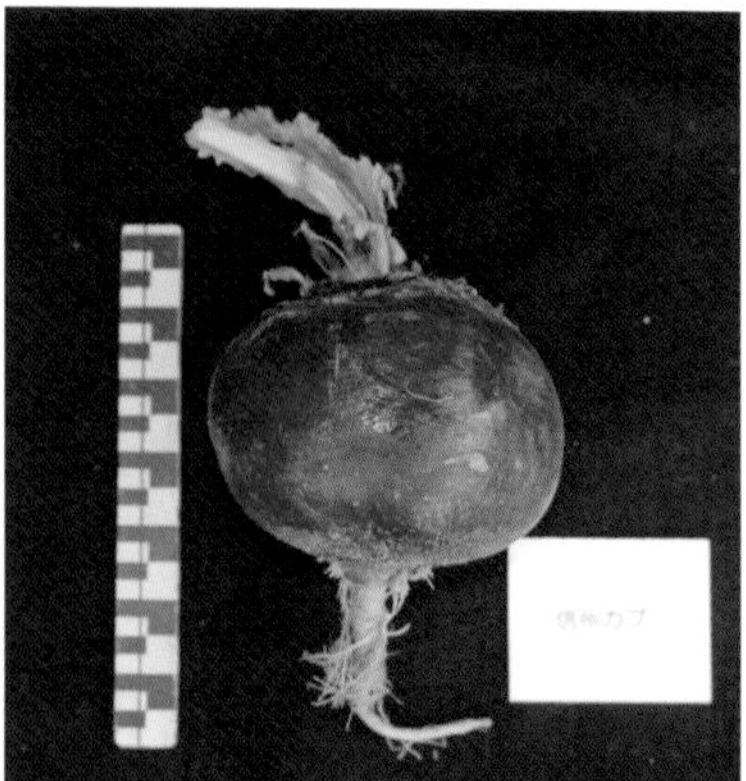

根形（2014）

北之庄菜

北之庄菜は、八幡山山麓（近江八幡市）で江戸末期から1965（昭和40）年の終わり頃まで栽培されていた色カブであると伝えられている。しかし、「滋賀県に於ける蕪菁の品種と其の栽培（1）」には記述がない。「湖国を代表する伝統野菜について」は、「日野菜カブの変異種と考えられ、根は長さ12㎝ほど、根径は3～4㎝の中長型円筒形、抽根部が鮮やかな紅色、根部は白色。肉質はやや硬く幾分辛味と酸味がある」と記述している。また、用途は「塩漬け、粕漬け、麹漬け、酢漬け」とある。

栽培されなくなった北之庄カブは、その存在さえ忘れられていた。地元のたばこ屋でマッチ箱に入った種子が見つかり、地域の篤農家によって1986（昭和61）年頃から再び栽培が始まり、北之庄菜の名前で本格的な復活が進められた。2008（平成20）年近江八幡商工会議所に北之庄菜を地域ブランドに育てる動きが生まれ、2009年には「北之庄菜保存会」が組織された。活動は、10戸余りの地元栽培農家を中心に市民、北之庄菜を食材として扱う店舗のオーナー等が所属する「北之庄郷の会」が、西の湖近くの共同圃場で栽培している。収穫したカブは地元普及を第一に、地域の学校へ給食用食材として提供し、道の駅や直売所での販売に取り組んでいる。また、漬物にして、地元のすし店と契約するなど付加価値

発祥地

近江八幡市
北之庄

を生み出す加工も行われている。

種子は、共同で採種管理が行われ、「北之庄郷の会」の栽培者に毎年配布される。品種維持に取り組んでいくなかで、近江の伝統野菜に認定された。その名称は北之庄菜である。

一方、紛らわしい「北之庄カブ」という名前の種子が販売されているようだ。聞くところによれば、もともと同じところで北之庄菜を共同栽培していた人が、種子を種苗店に持ち込み、「北之庄カブ」と名称をかえて販売しているという。同じ品種でありながら「北之庄菜」と「北之庄カブ」の名前の種子が販売されている。混乱を招く紛らわしい名称が解決されることを願う。

栽培畑（近江八幡市 2018）

北之庄菜の形態（2018）

はさ掛け（大山真提供 2019）

収穫された北之庄菜（大山真提供 2019）

葉形と色、葉柄の色（2014）

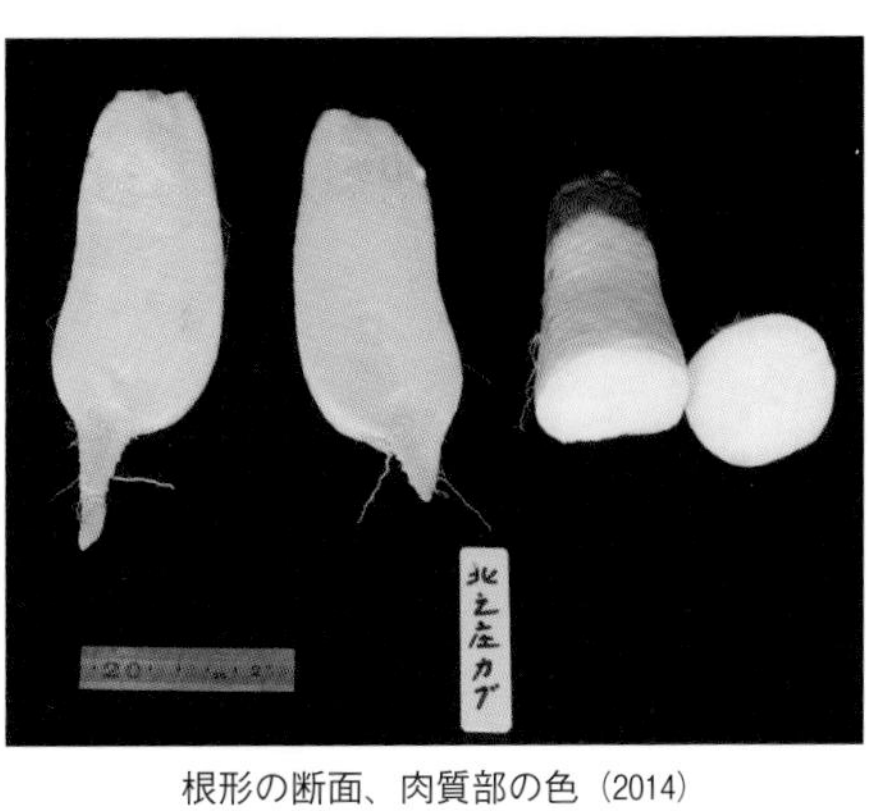

根形の断面、肉質部の色（2014）

日野菜

日野菜は滋賀の在来野菜を代表するカブである。「あかな」「えびな」などの別名がある。『近江蒲生郡志』（80頁参照）や『近江日野町志』巻中には、蒲生家の居城音羽城付近（日野町鎌掛《かいがけ》）の爺父渓《やぶそ》で野生種が見つかり栽培されるようになったと、日野菜発見のいきさつが書かれている。蒲生氏郷（1556～1595）が1584年伊勢松坂へ、さらに会津へ国替え（1590年）され、子・秀行が宇都宮、孫・忠知が四国松山に転封された。その時、日野菜の種子が持ち込まれ、それぞれの地で栽培されてきたと伝えられている。

発見当時の日野菜の形態は、よくわからないが、日野大谷村（現日野町大谷）に生まれ、江戸中期、大坂で活躍した浮世絵師・月岡雪鼎《つきおかせってい》（1710～1786）は、当時の姿に近いものではないかと考えられる太い根の見事な日野菜を描いている。絵は礼状に描かれたもので、

ちかつ海より難波江の流れのするゑまで
故郷の産物を贈り給ハり候
乗化主人へ小枝をもてすくひるる
伝いぬ往昔蒲生氏郷江州日野の城より
奥の会津に移り其の後伊予の松山にうつる
此三所に蕪菘を生して蒲生蕪

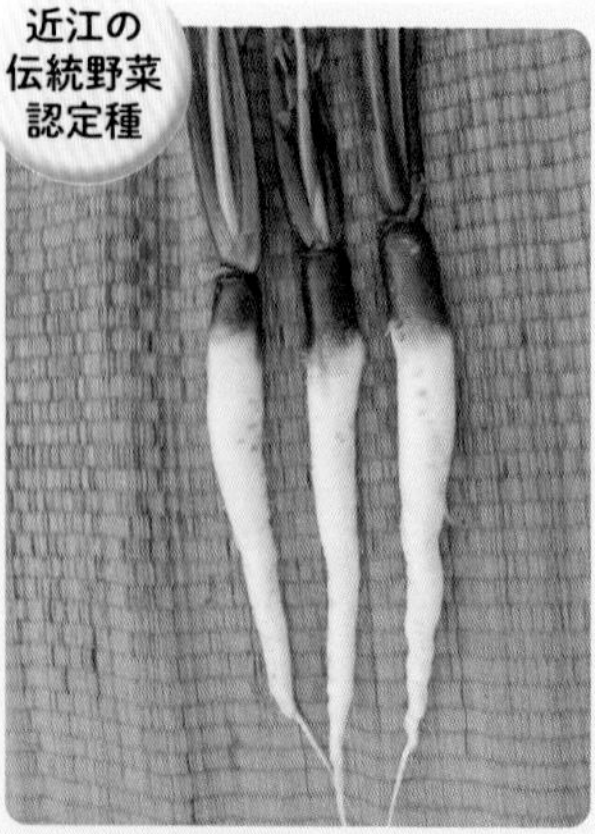

近江の伝統野菜認定種

発祥地

日野町

またひの蕪と呼て名産とす種をとり他境に植ると
いえも
変して尋常の蕪となると、
〈引も矢にゆかりの水や日野蕪〉
の俳句を詠んでいる。
　現在の日野菜の根の形態は、長さが20～25㎝余り、太さ2・5㎝程度の長円筒形で、根の先の方はすらっと細い長カブである。地上部へ露出した根は紫紅色になり、地下部は白色である。葉は直立性で、わずかに切れ込みがある。晩秋の寒さに当たると葉、葉柄とも濃い紫紅色になる。
　日野菜の品種改良は前述（本書23頁）したが、種子商「種源」を営んでいた吉田源左衛門家が明治～大正時代、五代にわたって改良を加え、現在の日野菜に固定してきたと伝えられている。種子採取は、南比都佐《みなみひづさ》村大字深山口《みやまぐち》（日野町）で行われ、規約を設けて乱売を禁じ、精良の種子を収穫し、内地はもちろん遠く中国東北部や朝鮮半島まで種子の販路が広がっていた。
　現在の深山口日野菜原種組合は、田中嘉兵衛家「近江種苗」の流れを引き継ぐ組織で、日野町、ＪＡグリーン近江と協力して厳格な母本選抜による採種を行い、種子を守っている。採種された種子は、日野町ＪＡグリーン近江が管理し、日野町町民が自家用に栽培する場合は無償でもらい受けることができる。また、ＪＡグリーン近江の日野菜生産組合などに所属し生産出荷する農家もすべて同じ種子で栽培している。
　その一方で、日野菜種子は、種苗会社による種子が販売されていることから日野菜は日本各地で栽培されている。市販の種子は、一般受けするように固定選抜されているのか、アクが少なく、苦みがないとよく言われる。日野菜は、漬物にすると独特のほろ苦さがあるのが、通に言わせるとそれが昔からの味であると言う。

月岡雪鼎の描いた日野菜と礼状
（『近江日野町志（復刻版）』巻中 裏表紙見返し、臨川書店、1986年）

日野菜は、近江の伝統野菜に認定されるとともに、その漬物は「滋賀の食文化財」に選定（１９９８年）され、糠漬け、甘酢に漬け込んだえび漬け、輪切り、短冊に切った根と刻んだ葉に酢を加えて漬けこんだ桜漬けなどに加工されている。また、早期収穫による丸ごと中華料理の具材、ステーキの付け合わせ、ドレッシングなど新しい食べ方が開発されている。

日野菜は、近江の在来野菜のなかでも全国に名を知られた優等生である。

栽培畑（日野町 2013）

はさ掛け（日野町 2009）

葉形と色、葉柄の色（2015）

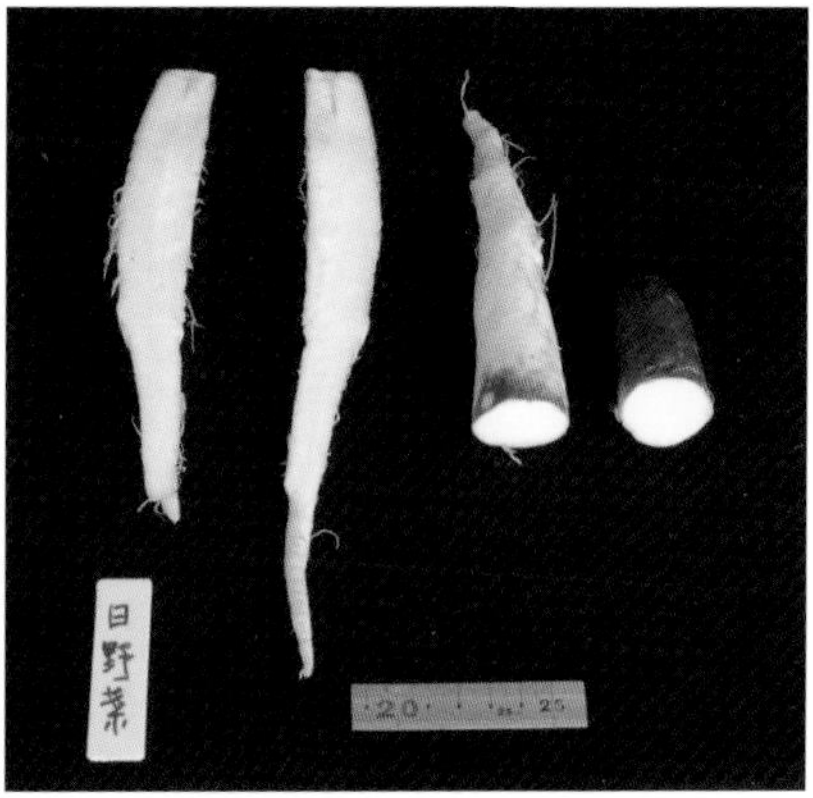

根形の断面、肉質部の色（2015）

桜漬け

えび漬け

糠漬け

守山矢島かぶら

守山矢島かぶらは、つい最近までは矢島かぶらと呼ばれていた。名前が示すように守山市矢島地域を中心に旧玉津村（守山市）一帯で栽培されてきた品種である。永禄年間（1558〜1570）から栽培されていたと伝わるが本当のことは分からない。カブの根の形態は直径7〜8㎝、長さは6㎝余りの扁球形で、地上の露出部は濃紫紅になるが、地下部は白色である。また葉柄、葉も濃紫紅である。このカブは、現在でも野洲川下流域の地域では根強い人気がある。初冬の直売所には多くはないものの出荷があって、主に糠漬けにされている。

守山市は2013年から「もりやま食のまちづくり」プロジェクトを始め、ブランド商品として矢島かぶらの復活に取り組んできた。2016年「守山矢島かぶらの会」が生産者、加工業者、流通事業者によって発足した。市の特産品として「守山矢島かぶら」に名称を統一するなかでブランド化をはかり、2018年、滋賀県の「近江の伝統野菜」に認定され、復活の成果が上がっている。

守山市は、ブランド化推進を進める上で栽培地にこだわり「〇〇地域でないと育たない」と言われていることを否定するため市内域14カ所で栽培を試みた。その結果、どこの地域でも変わらないカブが収穫できた。こうした実証から守山矢島かぶらは、広く市

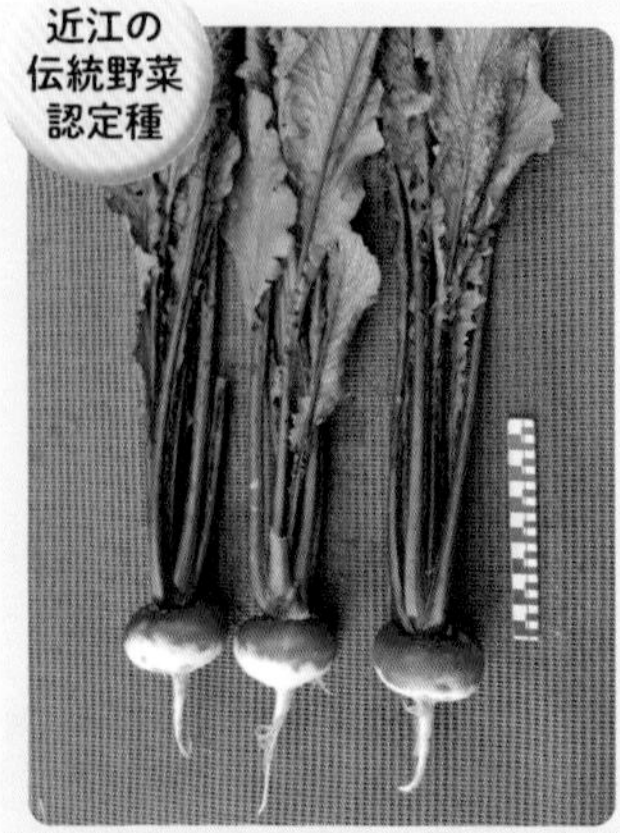

発祥地

守山市
矢島地域

内全域で取り組めるためのネーミングではないかと思われる。

しかし一方で、自家用に矢島かぶらを栽培している農家が数多くあることが気にかかる。その一人、岡田明彦（1936年生まれ）幸子さん夫妻は、矢島かぶらを菜園でつくりながら、地域の特産品である矢島かぶらを知ってほしい、守りたい一心で紙芝居にして地元の幼稚園に出向き、読み聞かせを行う活動をしてきた。それは、矢島かぶらの研究家・藤田音平さん（1923年生まれ、故人）の後を受けついだ活動であった。藤田さんから聞いた矢島かぶらの歴史、カブの色や形の話をまとめた紙芝居「やじまかぶらのおはなし」である。園児たちは紙芝居を見た後、毎年、矢島かぶらを自家採種して栽培している西出美南子さん（1937年生まれ）の畑で収穫体験をしていた。

筆者は、矢島かぶらが栽培されている西出美南子さんの畑に案内され、数年前までの矢島かぶらの栽培の様子を聞いた。矢島かぶらの種子は、地元の栽培者が自家用に採種した残りを集落にあった和田種苗店が買い取って、種子を近隣の農家に売っていた。地域のタネ屋を中心に矢島かぶらは守れていたと言う。ところがこのタネ屋も廃業した。和田種苗店の現在の当主（75歳）は、父母の代から手伝っていた当時を振り返り、矢島かぶらの最盛期には自家の1反余りの圃場から採種した種子を県内各地の種苗店へ卸していたと言う。

そんなわけで、直売所などで販売され

紙芝居「やじまかぶらのおはなし」

ているカブの中には、「矢島かぶら」と「守山矢島かぶら」の二種類がある。その種子は、どちらも「矢島かぶら」であるといわれると戸惑う。別品種であるかのような「守山矢島かぶら」のネーミングに驚き、考えさせられる伝統野菜である。

栽培畑（守山市 2018）

根元（守山市 2018）

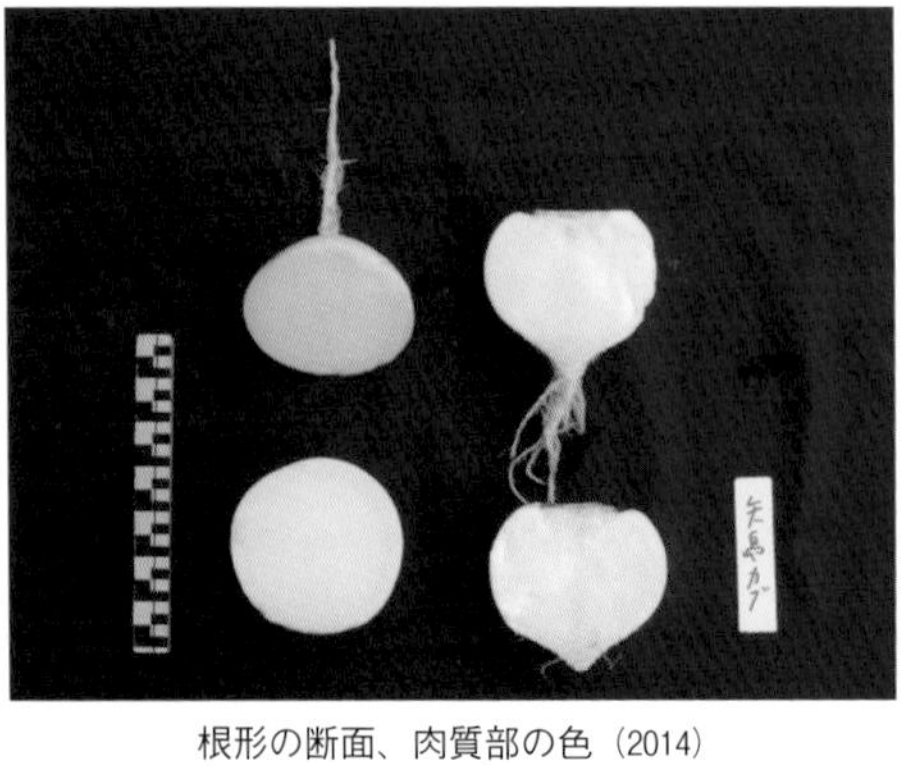

根形の断面、肉質部の色（2014）

葉形と色、葉柄の色（2014）

蛭口カブ

蛭口《ひるくち》カブの来歴は、「滋賀県に於ける蕪菁の品種と其の栽培（3）」（65頁参照）によると、西庄村《にししょうむら》（現高島市マキノ町）の内田藤次郎が1860（万延元）年頃、彦根地方から赤カブの種子を入手し、栽培していた中に変種を見つけ、選抜したと伝えられている。1897（明治30）年、地域の農産物品評会において優良な品種であることが認められ、「蛭口カブ」と命名された。その蛭口カブは、他の地方での栽培が困難な品種であるといわれ、広く普及することなく、西庄村を中心に作られていたと記述されている。

蛭口カブの根の形態は、直径5～7・5㎝余りのやや扁平な球形である。露出部も地下部も鮮紅色で、肉質は白色であるが、中心に紅色の色素が放射状に入る。肉質はやわらかく糠漬けにすると色も風味もよい。切り込んで甘酢漬けにするとカブ全体がさわやかな赤色になって食卓が華やかになる。

「湖国で生まれたカブのあれこれ（その二）」（32頁参照）には、蛭口カブは、現在栽培している地域はなく、「伝統あるカブをマキノ町内において再びよみがえらせる計画がある」と書いてある。その後の動向は定かではないが、2014年調査に訪れた時には栽培農家が途絶えてしまっていた。しかし、その中で「貴重な蛭口カブを絶やしてはならない」とかつての生産者寺井治一さん（1942年生まれ）夫妻が種子の

発祥地

高島市
マキノ町蛭口地域

保存のために栽培を続けられていた。「固定選抜はできていないので、交雑している」と言いながら、在来種の存在を訴えられていた。種子は、ペットボトルに入れ、冷蔵庫に保存されており、それを研究用にもらい受けた。筆者がその種子で栽培した時の記録をみると、交雑しているとのことだったが、外観的にはよくそろっていた。

現在、蛭口カブはどうなっているか気がかりで、JAマキノ町の直売所へ出向き探したが見当たらない。再度、寺井さんに現状を聞くことができた。先に訪ねた時以来、毎年採種用に栽培していたが、数年前、採種できない年があって、その翌年の栽培は古いタネを蒔いた。発芽が悪くて、一時途絶えていた。何とかしなければとの思いで頑張っている。昔のような蛭口カブではないが、何とか毎年採種はしていると話された。後継者がいないとこのまま種子が無くなるのではという危機感にかられた。

葉形と色、葉柄の色（2014）

根形の断面、肉質部の色（2014）

漬物用に石垣の上に干された蛭口カブ（2011）

計測用に並べられた蛭口カブ（2014）

真っ赤に染まった甘酢漬け

万木かぶ

万木《ゆるぎ》かぶは、中江藤樹（1608〜1648）とのゆかりが伝えられる、赤カブの一つである。中江藤樹は高島郡小川村（高島市安曇川町）の農家に生まれたが、米子藩士であった祖父の養子になり、9歳の時米子に行く。さらに藩主の国替えに伴って伊予の大洲に祖父母とともに移住する。米子には「米子カブ」、伊予には「緋のかぶら」が存在しており、万木かぶを中江藤樹が持って行ったとか、任地にあった赤カブを持ち帰ったものが、万木かぶになったとか、伝わるがいずれにしても定かでない。

　万木かぶは、「滋賀県に於ける蕪菁の品種と其の栽培（1）」（35頁参照）によると、古くから安曇川流域（高島市安曇川町西万木地域）で自家採種の種子によって栽培されていたが、明治初年、万木の水口藤助によって選抜が繰り返され、形質が固定して藤助カブと呼ばれるようになったと伝えられている。地域に普及して行くなかで1890年頃、産地の名を取って万木かぶと品種名が変わった。

　滋賀県では赤カブといえば、万木かぶを示すほど、県内各地で栽培され、家庭菜園でもよくつくられている。根の形態は直径8〜10㎝余りの球形で赤色、肉質部は白色、葉柄、葉ともに淡い緑色である。万木かぶは、滋賀県種苗生産販売組合が県外の農家に委託して採種された種子が売られている。

発祥地

**高島市
安曇川地区**

近江の伝統野菜として認定された万木かぶの産地・高島市安曇川町に「三尾里《みおざと》万木かぶら加工グループ」がある。前川澄男さん（1939年生まれ）を中心に、毎年、およそ3反（約3ha）区画の水田4カ所を転用して輪作栽培している。同グループを2018年12月に訪ねた。毎年9月10日前後、高畝にばら蒔きした栽培方法で、適宜2回間引き、11月下旬から収穫を始め、JR湖西線のガード下に4～5日はさ掛けしたものをグループにより酢漬け、糠漬けにして個人宅配、道の駅、土産店などに販売している。

一方、近江の伝統野菜に認定されていないが、愛荘町西出地域に15戸の農家からなる農事組合法人「西出稔り会」が毎年5ha余りで万木かぶを栽培している。この産地のカブは、3年前まではすべて漬物会社に買い取られ、毎年のように彦根市松原の琵琶湖岸で赤カブを干していた。この光景は晩秋の風物詩になっていた。漬物会社が廃業してからは「西出稔り会」のメンバーが自ら漬物に加工して直売所を中心に販売している。松原の湖岸の赤カブ干しは見られなくなったが、はさ掛けは、ファーマーズマーケット美浜館（彦根市石寺町）に設けられていた。昔からなじんでいる家庭の味の漬物が漬けられるようにカブを干して売る、地域に密着した販路拡大を目指している。

万木かぶは、根こぶ病がでやすい。滋賀県農業試験場（現滋賀県農業技術振興センター）は、万木かぶの根形や色、肉質など固有の形質を保持し、あわせて、根こぶ病抵抗性を目的に飼料用の根こぶ病抵抗性カブと交配して、根こぶ病に強い品種に改良した。1993年登録名「湖西1号」をつくり出し、「近江万木かぶ」と命名された品種がある（「カブの根こぶ病抵抗性育種」64～68頁参照）。また、肉質が赤い品種「琵琶湖紅かぶ」という種子が売られている。万木かぶの肉質は、本来白色であるが、このカブはアントシアニンが多くふくまれるものが選抜され、固定化が進んだ品種である。

二カ所の産地で栽培されている万木かぶの種子は「三尾里万木かぶら加工グループ」が自家採種した種子、片や「西出稔り会」の種子は、市販の種子である。どちらの産地でも、形態が明らかに異なる円形と上の方が少し大きい腰高のものが筆者の調査において観察できた。そのことは栽培者もわかっていた。また、万木かぶの根は赤色であるが、赤紫色や時には白色の根まで間引きで見つかると聞き、調査で撮影できた。琵琶湖紅かぶ、近江万木かぶの栽培も広がり、交雑が進んでいるのかもしれない。在来の万木かぶを厳格に母本選抜して純系の万木かぶの品種（種子）保存と継承が求められる。

漬物用に洗われた万木かぶ。形態の異なるものが混ざっている（2015）

間引かれた変異カブ（愛荘町 2019）

葉形と色、葉柄の色（2014）

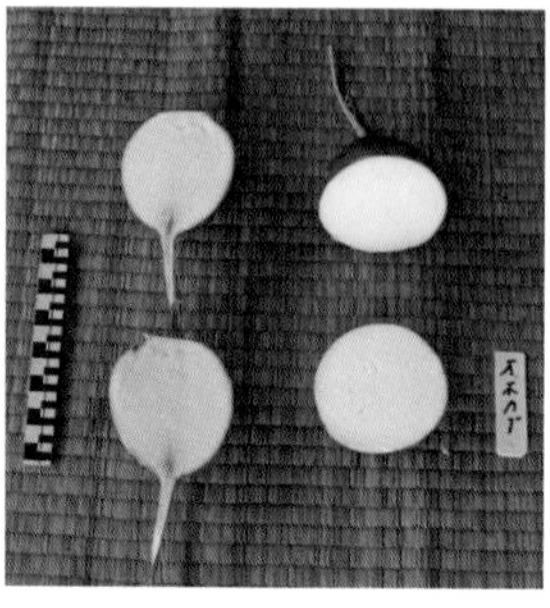
根形の断面、肉質部の色（2014）

栽培畑（高島市 2018）

はさ掛け（愛荘町 2018）

甘酢漬け

糠漬け

糠漬けの漬け込み

近江かぶら

近江かぶらの来歴は定かでないが、『京洛野菜風土記』（46頁参照）には聖護院蕪菁《しょうごいんかぶら》（通称　近江蕪菁）の項に近江かぶらとの関係の記述がある。「聖護院蕪菁は、今から去る二百五十年前、享保年間（1716〜1736）、旧愛宕郡聖護院村（現京都市左京区聖護院）に住んでいた、伊勢屋利八という、篤農家が、近江の国堅田（滋賀県大津市堅田町）方面より、近江蕪菁の種子を需《もと》めて、これを試作したところ、地味が適した関係か、その成育が極めて良好であった。その後、肥培管理を入念に続けていたところ原種の偏平な形状が、年を経るに従って、次第に形状が変って、円形となり、一層肥大な系統に変り、ついに重量も一個、最大二貫匁に達する巨大な固定品種になった。かくして、名称も聖護院の地名を附して、聖護院蕪菁となって、堂々と名声を博したのである」と（1貫は約3・75kg）。また、「聖護院蕪菁は、近江蕪菁の変形とされているので、今でも、洛北方面では、近江蕪菁の別名で呼ばれている」「近江蕪菁は扁平で、上部が扁円、下部はくぼんでいるのに反し、聖護院蕪菁は円形で、表面稍々《やや》くぼみ、下部は写真の通り、円く、葉は粗硬、肉質は少々、粗い傾きがある」と写真とともに聖護院蕪菁を紹介している。さらに「真の近江蕪菁を、通称『ケリコカシ』とも呼んでいる」と言って結んでいる。「ケリコカシ」の意味を想像するに、

発祥地

**大津市
尾花川地域**

収穫する時、円い聖護院蕪菁の容姿は優美で、扁平な近江蕪菁は蹴ることもできない、あるいは、近江蕪菁は、蹴ってこかすような下のものとされたものか。

近江カブの文献は、数多くある。広く近江に栽培されるカブを指す名称のみの記述、また、円い形態が描かれている古書もあることから紛らわしい。現在まで継承されてきた近江かぶらの根の形態は扁平で、直径20㎝余りにもなる大きなカブである。最も新しい文献は「近江カブの祖先種と後代種の系譜〝近江かぶら〟は聖護院カブの祖先種か？」（849頁参照）である。論文は、SSRマーカーによる系統解析から、近江堅田から持ち帰った近江カブは元々丸く、聖護院カブに育成されていった。扁平な近江カブの祖先種は別にあったと結論づけられている。近江カブの起源は古く、その来歴は明らかでないが、『趣味と科学蔬菜の研究』（439頁参照）に「彦根町河原町八百屋九兵衛と云ふ雑穀商の古帳を見るに、大津尾花川の水川家とは三百余年以前から既に蕪種子の取引した」と書かれていたことから栽培は凡そ1501〜1504（文亀元〜3）年頃からと考えられる。近江カブは、古くから大津市尾花川地域で栽培されていたカブである。

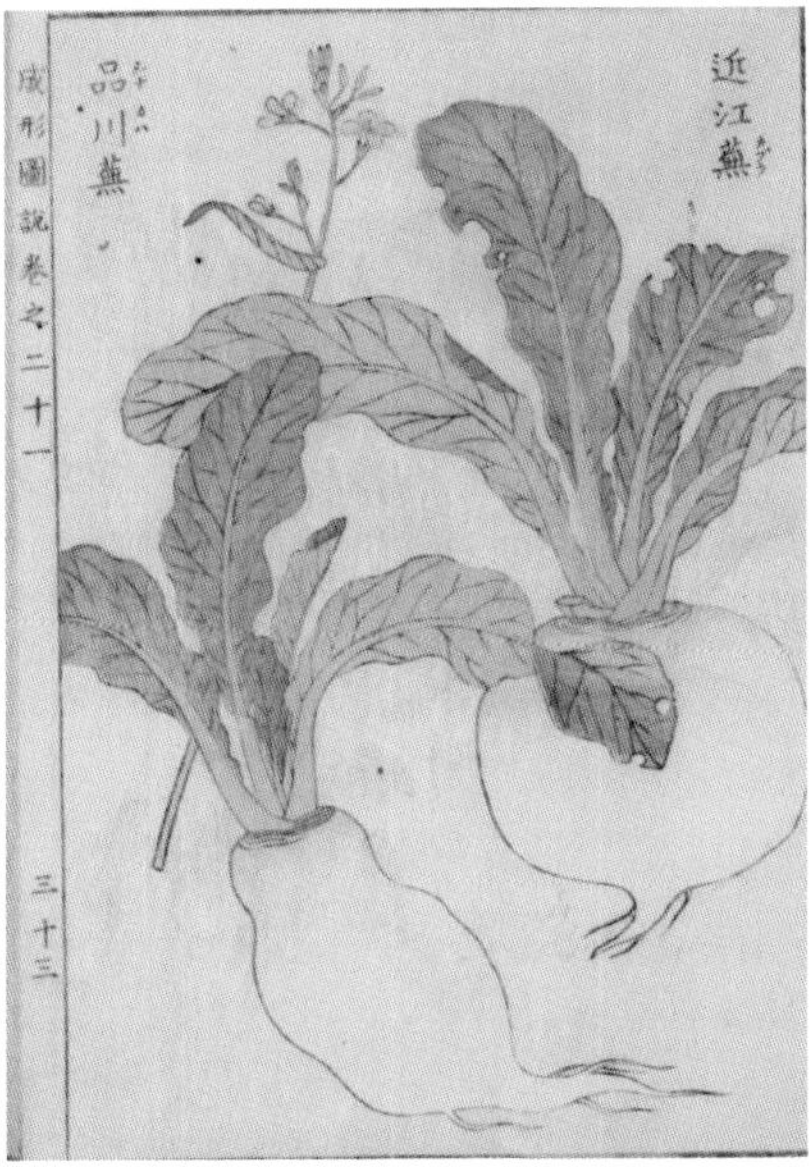

『成形図説』巻21 近江かぶら（右）
国立国会図書館デジタルコレクション

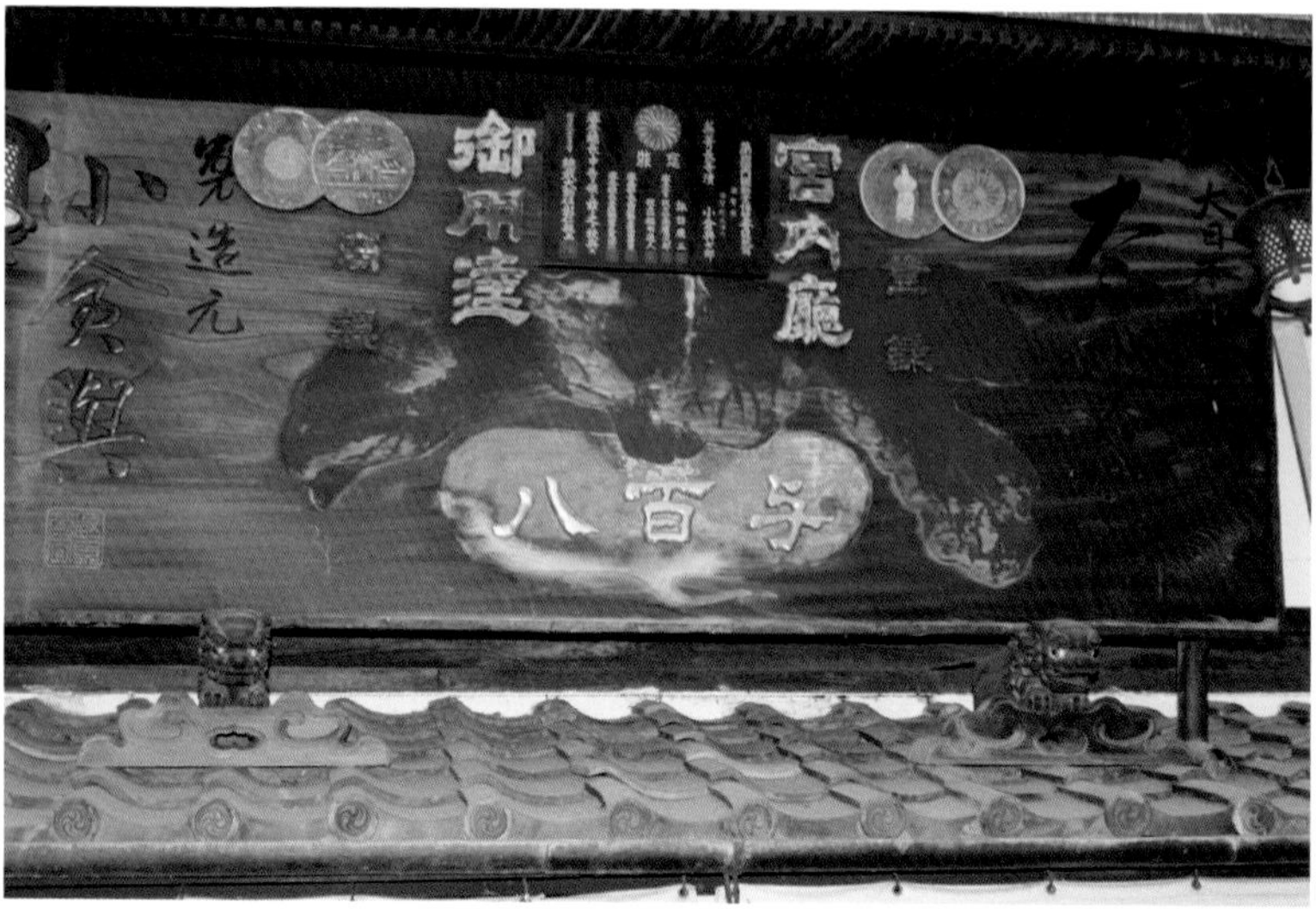

八百与の看板に描かれた近江かぶら（2011）

　しかし、時代の変化と共に栽培がすたれて行く中、唯一残っていた栽培者は、近年まで長年にわたって漬物店「八百与」（大津市）への出荷用に栽培をしていた親戚から種子を譲り受けたＫさんである。

　一方、絶滅が危惧されているなかで、漬物店と関係する栽培者からもらい受けていた種子が滋賀県農業技術振興センターに保管されていた。大津市、ＪＡ大津は２００９年からブランド化を図るためその種子から数年かけて母本選抜を繰り返し、品種としての固定に取り組んできた。現在、近江かぶらは、従来からの漬物屋との関係で栽培されている品種、復活に取り組み固定選抜されたＪＡの流れの品種がある。

　大津市、ＪＡ大津の取り組みは、滋賀県ブランド推進課、龍谷大学などの支援によって、栽培、商品開発、販路拡大が進められ定着化が進んでいる。それに呼応して栽培と加工販売をしている一人、山田叔子さん（１９４０年生まれ、大津市若葉台）が栽培する近江かぶら畑を見学した。取り組みの経緯は、２０１４年、ＪＡ大津から近江かぶらの利用について相談があって、母親が自家で味噌を作っていた頃、味噌壺の中へ漬け込んだ大根を弁当に入れてくれたことを思い出し、ＪＡに所属する「味噌づくりグループ」の仲間とともに、近江かぶらの栽培から漬物加工まで始めた。市内の旅館が香のものに使ってくれるようになって、毎年近江かぶらを１００個余り味噌に漬け込んでいる。

　近江かぶらの復活は、生産拡大が軌道に乗り、テレビによる全国放映、新聞掲載などによって促進されている。同時に伝統野菜の継承へ関心を広く呼び起こしている。

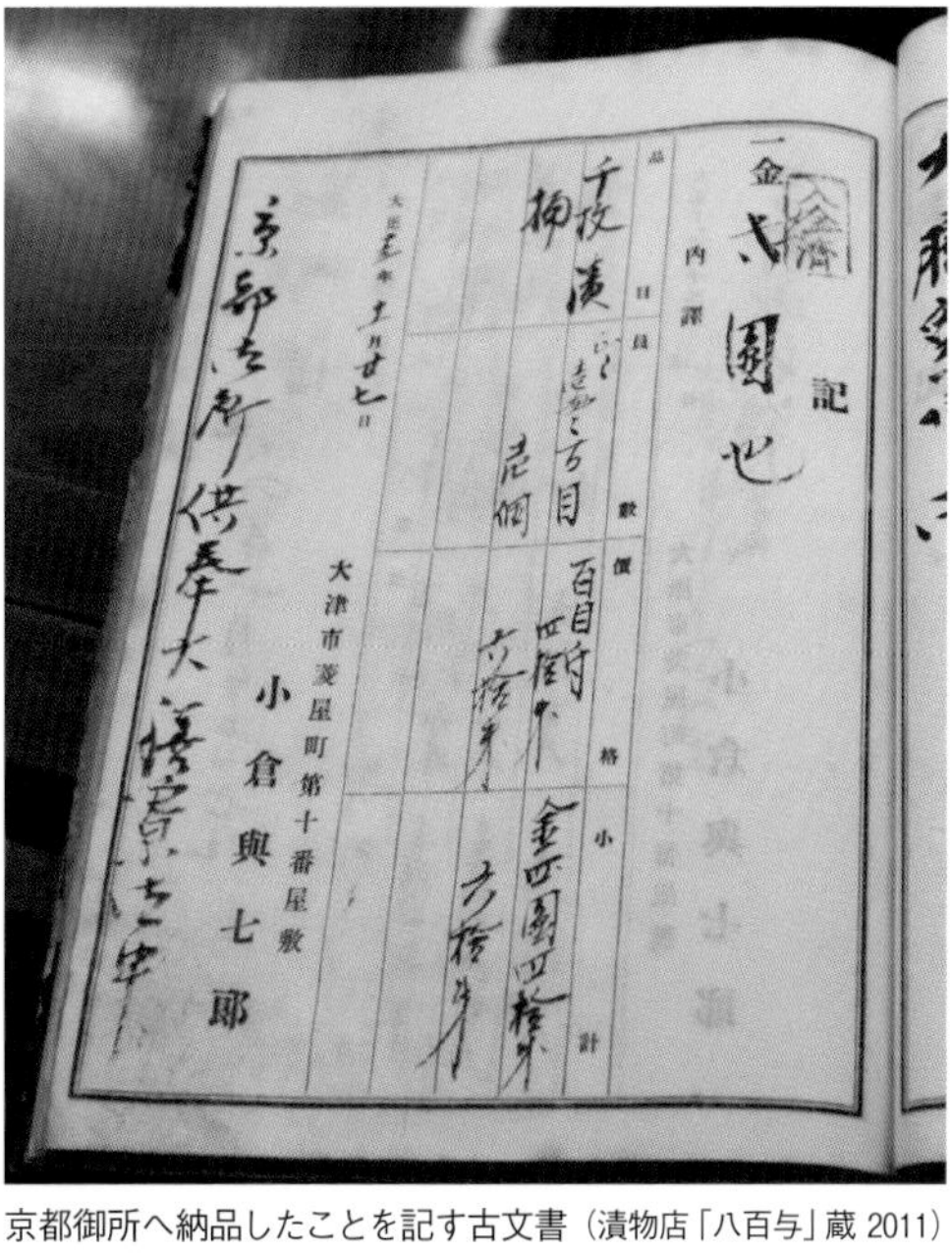

京都御所へ納品したことを記す古文書（漬物店「八百与」蔵 2011）

粕漬け・長等漬け（八百与 2011）

栽培畑（山田叔子 2018）

収穫された近江かぶら（山田淑子栽培 2018）

葉形と色、葉柄の色（2014）

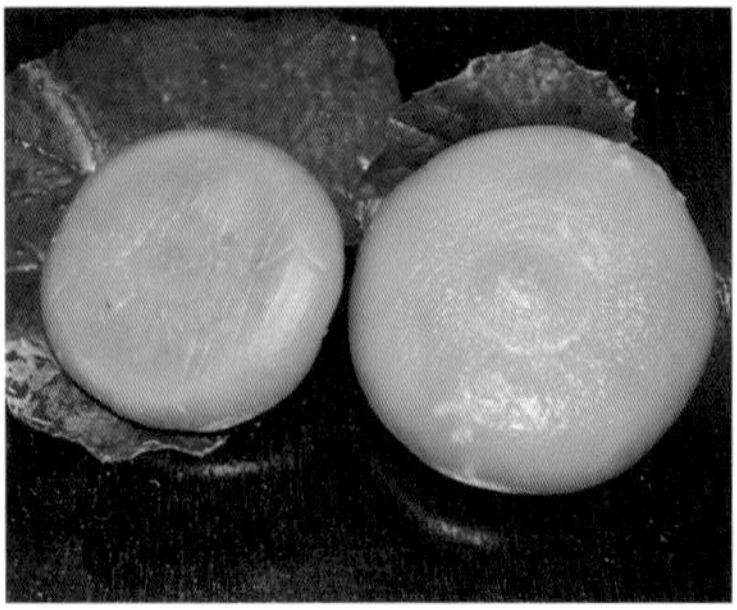

味噌漬け（山田叔子 2018）

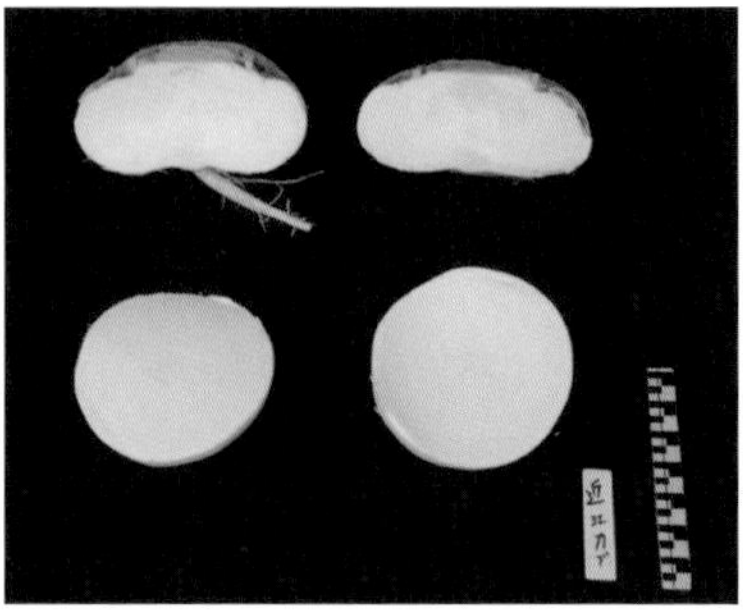

根形の断面、肉質部の色（2014）

果菜類

ナス
トウガラシ
ユウガオ
シロウリ・マクワウリ

ナス

ナスはインド東部に原生野生種が分布していることから、そのあたりの地域で栽培化されてきたと推定されている（『栽培植物の起原と伝播』82頁参照）。インドから中国の西域へ伝わり、シルクロードを通り日本に伝播したと考えられる。ナスは「奈須（茄子）」と書かれた奈良時代の平城京木簡が出土していることから、古代よりつくられていた野菜である（『奈良朝木簡にみる食文化考』31頁参照）。

時代を経た『農業全書』（137〜141頁参照）の「茄《なすび》」の項には「紫、白、青の3色あり。また、丸きあり、長きあり」と記述され、「その内、丸くして紫なるもの作れ」「丸いものは甘くておいしい」とある。さらに、種子の取り方から播種、栽培について細かく記述されている。地方品種のナスで京都の「賀茂なす」、大阪泉南地域の「泉州水なす」はよく知られているが、そのほかに地方品種は大変多くある。『野菜の地方品種』では67品種、『都道府県別地方野菜大全』（14頁参照）では42品種が収録され、長いもの、丸いもの、卵形などいろいろな形のナスが継承されている。『農業全書』にある表現と同じ文言の品種があることからも、古くから多くの品種に分化していたと考えられる。

ナスは紫黒色の光沢が映えてみずみずしい。紫茄子の色を「茄子紺《なすこん》」という。その色はアントシアニンによって形成され、赤みがかった艶《つや》のある紺色に輝くが、白色のナスもある。品種の色は、遺伝的で厳密にいえば、それぞれの品種のすべてが異なった色を持っている。

ナスの利用は中国や欧米では加熱調理の食材であるが、日本では漬物にされることが多く、果皮がやわらかく、小さめに収穫できる品種が求められ、一方、煮物用は少々大きくても煮崩れしない品種が利用されている。

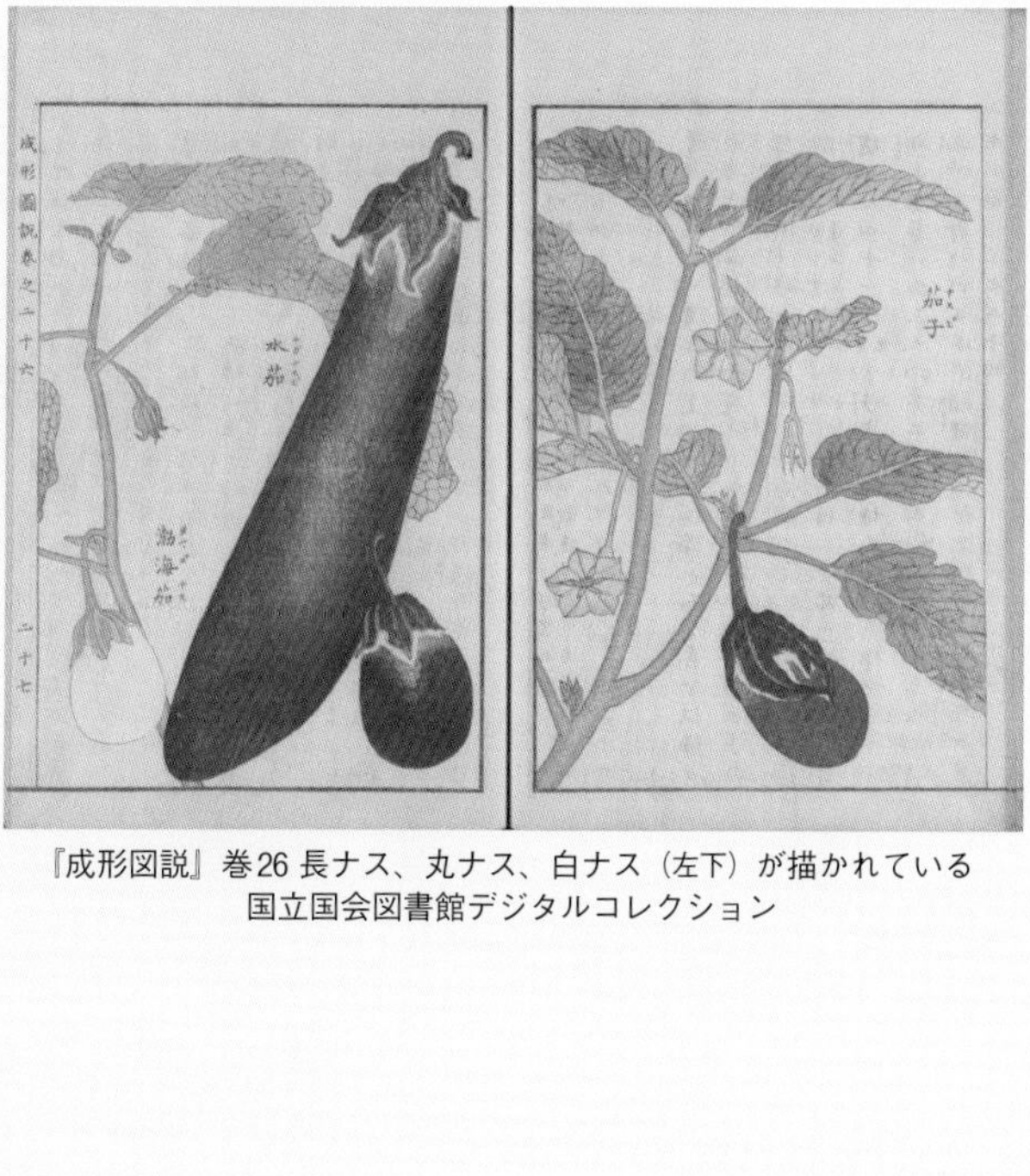

『成形図説』巻26 長ナス、丸ナス、白ナス（左下）が描かれている
国立国会図書館デジタルコレクション

高月丸ナス

長浜市は、観音の里とよばれているように、地域の集落には乱世の頃から村人に守り続けられて来た国宝の十一面観音立像をはじめ数多くの仏像がある。また、高月町雨森《あめのもり》は、江戸中期の儒者で、対馬藩に仕え、朝鮮との外交の第一人者であった雨森芳洲《あめのもりほうしゅう》（1668～1755）の故郷である。

高月丸ナスは、この雨森集落と隣り合う井口《いのくち》集落でつくられていた。有機栽培グループの一人、本田靖子さん（1934生まれ）の畑を見せてもらいながら話を聞くことができた。ナスといえば、ここらの地域は、どこでも昔から高月丸ナスを作っていた。千両ナスの苗が売られるようになると、次々と高月丸ナスをつくる人がいなくなってと話された。千両ナスは、大手の種苗会社が1961（昭和36）年につくりだした交配種である。千両ナスを年表的に引き合いに出されたが、在来野菜が地域から消えていく話に納得するものがあった。

現在100世帯ある井口集落において、高月丸ナスの栽培者は4～5人である。その一人、本田さんは代々祖先がつくってきたから絶やしてはならないと、毎年栽培を続けてきた。高齢を心配しながら今年は25本植えたと話す。4月の初め頃に種子を蒔き、遅い春に合わせるように定植して作っているが、種子を採って苗から作る人はいないので、種子を多く蒔き、

発祥地

長浜市
高月町地域

苗に育てどこの家庭でも5本余り植えるだけであるから欲しい人にあげている。

ナスの品質を左右するものは、色沢、果形、果皮の硬さであるといわれるが、高月丸ナスは全体的に草丈も実も小振りで、拳大の丸ナスである。丸さに少々ばらつきがあり、栽培も難しい品種である。その食べ方は、皮が比較的薄く皮ごと調理してもおいしく、果肉は緻密で煮くずれしにくい。昔から食べてきた煮物が一番おいしい。昔は塩漬けをして冬場の法事や弔いごとがあれば水で戻して惣菜にしたと話された。

長浜市と合併する前、旧高月町内の小学校では毎年3年生が高月丸ナスをつくり、育てたナスを食べる郷土学習を行っており、本田さんは講師として毎年、高月丸ナスの話をしていた。しかし、それも今は学区内の一校だけになってしまい、3年生もたった11人に減り、1人1本しか作らないので、さみしいと漏らされていた。

高月丸ナスは、人口減少、高齢化が進む地域にかろうじて本田さんたちによって維持されている。つくり続けられてきたその思いをつなぎ、守る手立てに応えなければならない。

栽培の様子（長浜市 2018）

栽培畑（長浜市 2018）

杉谷なすび

発祥地

甲賀市
甲南町杉谷地区

杉谷なすびの発祥の地・杉谷地域は、「甲賀五十三家」の一つ、杉谷家があったと伝えられる忍者の郷である。この郷には、ここしか育たないといわれている杉谷なすびが古くから栽培されていた。杉谷地域でナスといえば、丸ナスであった。特産のナスであると意識することなく、どこの農家でも自家採種して1964（昭和39）年頃まで作られていた。

杉谷なすびの実は、巾着袋の口を絞ったように縦に筋目が入る。茄子紺色がさえ、実は薄皮で400gにもなる。ようやく実が大きくなり出したころ立ち枯れの生理障害が起きやすく作るのが大変難しい。作りやすいF1種の普及によって、いつしか幻のナスになりかけていたが、食生活で野菜が見直されるに従い、地産地消で在来野菜がクローズアップされるようになった2002（平成14）年から杉谷なすびの復活が始まった。

国鉄がJRへと民営化されたときに退職され、その後、専業農家になり農業委員をされていた寺井節次さん（1931年生まれ、故人）の家で代々作られていた種子が提供された。寺井さんが中心となってJAこうかに「杉谷なすび栽培部会」がつくられた。同部会のメンバーは、農家に生まれ、会社に勤めて定年後、再び農業に従事するという人たちが中心であった。この杉谷地域に生まれ、地域に育てられた者として、この地域でなければできないやりがいのある仕事だとメンバーのひとりは当時を振り返られていた。

地元の県立高校やＪＡこうかとともに研究が重ねられ、栽培の困難を乗り越え4年目から市場に出荷できるまでになった。連作を嫌う杉谷なすびは、整備された山裾の水田に米を作りながら3～4年空ける輪作で、高畝を立てて栽培している。ナスは多量の水を必要とする野菜で、夜の間に水を入れるなど管理の難しい農作業が続けられている。

収穫されたナスは、旬の野菜・伝統野菜としてＪＡこうかの直売所はもちろん、大津の有名なホテルなどでも用いられ、ブランドナスとして認められるようになった。

ナスは年中市場に出回っているが、その土地の気候風土の中で育てられた杉谷なすびは、アクがでない。皮がやわらかいのに煮くずれしにくい。「鰊《にしん》なす」は一般的に知られた惣菜であるが、「鰤《ぶり》なす」は杉谷なすびの旬の味であると栽培者から教えられた。「糠漬け（どぼ漬け）」は言うに及ばず、簡単なもので鶏ミンチ味噌を使った「鴫《しぎ》焼」「揚げナスの南蛮漬け」など夏の食欲を誘う食材である。

現在、栽培者は10人たらずだが、「杉谷なすび栽培部会」がつくられた当初からのメンバーはほとんどリタイアされている。新しい人たちに引き継がれているものの、その人たちも高齢者である。

注文が増えても栽培者が増えないことから対応できないなどの問題を抱えながらも伝統野菜として意気込みが伝わる栽培が行われている。

栽培畑（甲賀市 2015）

栽培の様子（甲賀市 2022）

ナスの鴫《しぎ》焼

糠漬け

下田なす

下田なすは、1868（明治元）年以前からつくられていたと伝わるが定かではない。

下田なすは、長卵形で薄皮のやわらかい果質である。大きくなるとずんぐり太り、硬くなるので、長さ6～9㎝、直径3～5㎝余りの小振りで収穫する。夜が明ける前から収穫する。下田なすの蔕《へた》部分（萼《がく》）は、くっきりと黄緑色に縁どられ、みずみずしく映えている。ナスの成長点は、蔕の部分にあるので一晩で成長したことがよくわかる。日に当たれば、だんだん紫色になってくる。下田なすは、この黄緑色の縁取りで新鮮度がわかる、やわらかく、みずみずしい水茄子である。

発祥地

湖南市
下田地区

地域で育まれてきた在来野菜は、他の地域でつくっても「同じものができない」とよく言われるが、下田なすも同じように他所で作ると普通のナスと変わらなくなるといわれている。このため地域で継承されてきた在来種ゆえの栽培方法があるのではないかと考えられる。前述した杉谷なすびと同様、連作を嫌うナスは、栽培に3～4年間空けて、その間に稲をつくるサイクルの水田を必要とする。みずみずしいアクのない、やわらかい下田なすをつくるため、高畝にして夜に水をふんだんに入れる方法がとられている。

種子の更新維持は、収穫期に2～3番成りのナスを採種用ナスとして残し、生育を観察しながら必要個数を選別して、収穫期が終わった後さらに成熟を待って次年度の種子を採る。

地元の漬物会社「やまじょう」は、自社農園で栽培している。下田なす収穫体験のイベントを行い、持ち帰りのお土産付きで、地域特産野菜を宣伝している。東南アジアから来日した外国人研修生が早朝から収穫し、それを浅漬けにして季節限定で販売している。こうした下田なすの収穫体験や漬物としてのおいしさには、地域の人々が作り上げた栽培方法が今に生きている。

早朝の収穫風景（湖南市 山上農園 2019）

栽培畑（山上農園 2019）

一夜で大きくなって黄緑色の輪郭が鮮明な下田なす

栽培畑（山上農園 2019）

早朝収穫された下田なす（山上農園 2019）

採種用ナス（山上農園 2019）

トウガラシ

トウガラシの原産地は、野生種が発見されていないので不明である。しかし、紀元前6000年頃のメキシコの遺跡から出土していることから年代的に熱帯アメリカが原産地ではないかと考えられている。また、南アメリカ東部やペルー海岸地域では、2000年以上前の遺跡からも出土している。この地域では古くから広く栽培されていたと考えられている（『改訂増補　栽培植物の起原と伝播』148〜149頁参照）。

トウガラシ栽培の世界的広がりは、大航海時代とよばれる15世紀の終わり、コロンブスがスペインに持ち帰って始まった。16世紀にはヨーロッパ全域に広がり、一方で東南アジアへ伝播し、東南アジアの国々では乾燥させて日常の生活に欠かせない香辛料になった。

日本には織豊時代にポルトガル人がもたらしたとか、秀吉が朝鮮出兵時に持ち帰ったとか、伝えられていることなどから、ナスなどと比べて比較的新しい辛味食材である。『農業全書』（180頁参照）は、「蕃椒《たうがらし》」「其実赤きあり、紫色なるあり、黄なるあり」「天に向ふあり、地にむかふあり、大あり、小あり、長き、短き、丸き、角なるあり」と記述されている。品種はさまざまで、多いと書かれているが、辛味に関する記述はなく、「つかへたる食気を消じ」「脾胃をくつろげ」など薬用に用いられていたと考えられる記述がある。また、『成形図説』巻25にはピーマン形や長形の図が描かれていることから甘味の品種も栽培されていたと考えられる。

品種は辛味種、甘味種に分けられ、辛い鷹の爪、甘い伏見とうがらしや万願寺とうがらしなどがよく知られ、家庭菜園などでも栽培されている。近年は洋風化の食生活にマッチする赤色・黄色のピーマンなどの品種が主流になっている。滋賀県の在来種としては、甘味種の杉谷とうがらし（本書１１３頁）、辛味種にはよのみとうがらし（本書１１０頁）、弥平とうがらし（本書１１５頁）がある。

トウガラシはナス科に分類され、世界中に分化して広まったと伝えられる。アジアではキムチに代表される韓国料理でよく使われる。また、中国の四川料理や湖南料理には超激辛のトウガラシを使う料理がある。日本には古くから香辛用には一味唐辛子、多種の香辛料と混ぜた七味唐辛子がある。

トウガラシは、食の革命をもたらし、多くの国で独特の食の文化をつくりあげた食材である。トウガラシは辛味の強いものから甘いものまで世界中に数千品種あるといわれている。

『成形図説』巻25、さまざまなトウガラシが描かれている
国立国会図書館デジタルコレクション

よのみとうがらし

滋賀県立大学の黒田先生から「よのみとうがらし」が栽培されているという情報を得た。栽培地は、琵琶湖の北端余呉湖近くの山あいの文室《ふむろ》（長浜市）という地域であった。余呉町の知り合いに案内を頼み、集落の久保川厚子さん（1954年生まれ）と田中クニエさん（1942年生まれ）を訪ねた。40軒足らずの整った小村であった。

屋敷内の菜園では、草丈50㎝余りの株に直径1㎝あるかないかの丸い実がまばらに成るトウガラシが栽培されていた。地元の人たちは「よのみとうがらし」と呼ぶ。ひらがな書きであると教えられた。よのみとうがらしは辛味トウガラシであるが、鷹の爪トウガラシほど辛くない。汁ものに入れると、まろやかな風味になり、欠かせない食材であると言う。

よのみとうがらしに関する文献は見つかっていない。実際に足を運び調査を行ったと考えられる『近江の特産物発掘調査報告書―滋賀の地産地消推進事業』（98頁参照）にも記載のない在来種である。このタイプのトウガラシは平賀源内（1728～1779）の『番椒譜《ばんしょうふ》』によのみとうがらしとよく似た図が描かれていたが、実物を初めて見た時、あまりにも小さな実のトウガラシで目を見張った。

聞き取りによると、この文室にはむかしから集落の人々が崇めまつる氏神さんがあって村中が強い絆

発祥地

長浜市
余呉町文室地区

で結ばれている。その氏神さんの神事が毎年8～9回行われる。神事のあとお講汁《こうじる》が毎回ふるまわれる。

　お講汁は、打ち豆とその時々の野菜を具にした打ち豆汁である。お講の当番には2軒があたり、集落の家ごとに順番がまわってくる。お講の当番にあたると前日からお講汁を準備する。当日、神社の社務所に運ばれ馳走される。よのみとうがらしは、そのお講汁に入れることがならわしになっている。そうしたことから、よのみとうがらしは、集落のどこの家でも栽培され、赤くなった実を乾燥させて冷蔵庫で保存している。

　お講汁と言えば仏事に供されることが多いと思われているが、文室集落では氏神さんの神事の後に使われていた。こうした習わしのなかで守られてきた在来トウガラシとの偶然の出合いに感激した。

　同地域では、現在は小学生もたった3人と伝えられる。過疎化が進み、生活が大きく変化し、集落の行事もなくなるとお講汁を作ることもなくなり、よのみとうがらしを栽培する家が少なくなることが懸念される。春になれば残っていた実を冷蔵庫から取り出し、タネを蒔き、集落中で栽培するという、伝えられてきた文化財とその文化が消えないように氏神さんに縋《すが》る思いであった。

平賀源内『番椒譜』
画像提供：公益財団法人平賀源内先生顕彰会

文室集落の屋敷菜園（長浜市 2020）

収穫後、乾燥させたよのみとうがらし

白黒１cmのスケールとよのみとうがらし

杉谷とうがらし

杉谷とうがらしの来歴はよく分かっていないが、栽培者の話によると、明治以前から杉谷地域では普通に栽培されていたと考えられる。杉谷とうがらしの種子は、杉谷なすび（本書102頁）で紹介した寺田節次さんから提供された。杉谷なすびの栽培が進められているなかで、寺田節次さんは「トウガラシ」と、後述する「ウリ」（本書127頁）もあると言われ、JAこうかはもとより杉谷なすび栽培部会会員は、その時から杉谷地域にあった3品種の野菜を意識して「杉谷伝統野菜栽培部会」（2012年）へと名称を発展的に変更して栽培が始まった。

杉谷とうがらしは、一般的に獅子唐《ししとう》と呼ばれているトウガラシの仲間で甘い品種である。7～8㎝余りの大きさで収穫する。写真のように容姿は小振りで、皮が薄く、売り物にならない規格外かと間違われるほど、どれもこれも千差万別にぐにゃぐにゃに曲がり、先詰まりしたトウガラシである。普通甘いと言われるトウガラシでも10個のうち一つぐらいはなぜか辛い実が混ざっていることがある。しかし、見栄えは悪いが、杉谷とうがらしにはそれがない。

滋賀県は地域特産野菜の消費拡大に向け、生産者、消費者に提供するホテルや飲食店らによる地産地消を推進する「おいしいしが　うれしいしが」のキャンペーンをしている。それに呼応して、杉谷とうが

近江の伝統野菜認定種

発祥地

甲賀市
甲南町杉谷地区

らしの売り出しも開始され、コンビニエンスストアで期間・地域限定の弁当などのおかずに採用された。また、雄琴（大津市）の温泉旅館でも使われるなど、旬の伝統野菜のおいしさが広まっている。

杉谷とうがらしは栽培出荷数が少なく、一般には店頭に出回ることがなかったが、そのおいしさを消費者に届けたいと、杉谷地区の栽培農家では、3月初めハウス内で播種、杉谷なすびと同じように5月上旬に定植、順調に育てば7月上旬から地元直売所や生活協同組合でも販売できるようになった。

定植前の苗（甲賀市 2009）

栽培畑（甲賀市 2018）

栽培畑（甲賀市 2018）

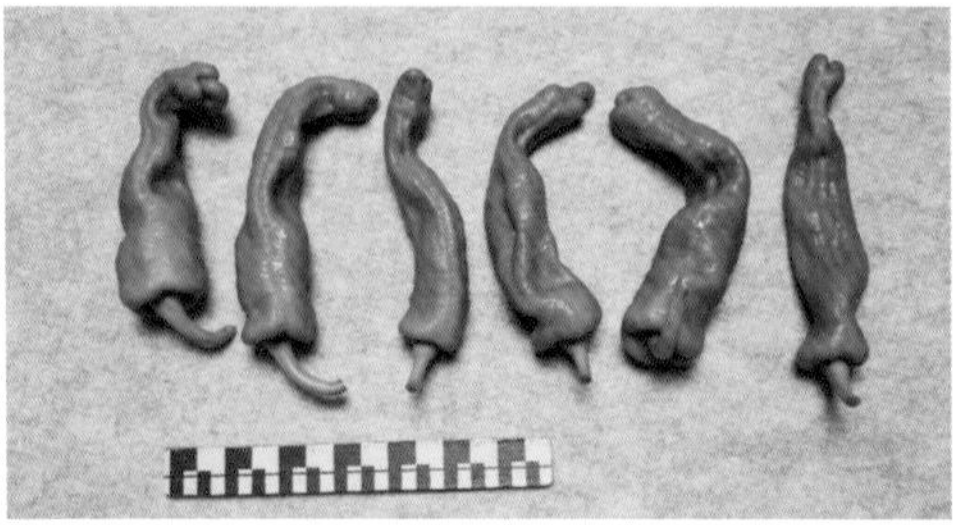
ぐにゃぐにゃに曲がる杉谷とうがらし

弥平とうがらし

弥平とうがらしは、湖南市下田地域で１００年ほど前から作られてきた辛いトウガラシである。そのルーツは、上西《じょうにし》弥平氏（故人）の先祖が朝鮮半島から持ち帰ったと伝えられている。弥平とうがらしは、地域では家庭用として数株作り、前述した下田ナスの糠漬け（浅漬け）などの漬物に風味付けとして入れるとか、炒め物のスパイスに使う程度であった。しかし、この辛い弥平とうがらしは、二人の女性三峰教代《みたかゆきよ》さんと佐々木由珠《ゆず》さんが栽培に関わったことから、地域特産野菜として注目される食材になった。一人はイギリスに留学した経歴を持ち、金融関連会社に勤務、もう一人は中国に留学、旅行会社に勤めていたキャリア女性である。

ある時期、二人は今の生き方でよいのかと思い悩み、帰郷してハローワークが２００９年に実施した農業職業訓練コースを受講する。そこで出会った二人は思いをともにして、農業が人生を変えることになった。修了後に農業を始めると言い出した娘を心配した母親が、地域の下田ナスや旬のこだわり野菜を栽培し、個人で直売している「新鮮野菜直売所」の谷村護さん（１９４４生まれ）を訪ねて相談したところ、弥平とうがらしの存在を教えられた。それから二人は、弥平とうがらしの苗を十数本もらい受け、植えることから出発した。

近江の伝統野菜認定種

発祥地

湖南市
下田地区

弥平とうがらしは、小指より少し小さく、長さ4cm余りのオレンジ色のトウガラシである。オレンジ色が映え、見るからに可愛らしい容姿だが、その辛さは激辛である。辛さはスコヴィル値という単位で示されるが、激辛トウガラシとして有名なハバネロ(30万スコヴィル)に次いで辛いという、日本の熊鷹品種(10万スコヴィル)と同程度の辛さだという。

二人は農業法人を立ち上げ、社名をｆｍ ｃｒａｉｃ(エフエム・クラック)とつけた。ライフスタイル追求のなかで弥平とうがらしに農業の魅力を凝縮させて事業化したのである。栽培から商品化までを手掛け、一味唐辛子の加工はもとより、加工場をつくり、チリソース、チリトマトカレーなど付加価値の高い商品を考案し、県内各地の道の駅などで販売している。また、弥平とうがらしは評判になるにつれ、マスコミにも取り上げられ、滋賀県東京観光物産情報センターでは滋賀県の特産品として大きく発信された。

弥平とうがらしとの出合いは、二人にとって理想のライフスタイルを見いだし、弥平とうがらしを近江の伝統野菜に昇格させた。今年(2021)の栽培の様子を佐々木由珠さんに電話で聞くと、三峰さんのご主人の転勤などの事情もあって、新しい協力者を得て、市内に借りた圃場で今年も例年通りおよそ500本余りの弥平とうがらしを植える計画であると話された。

弥平とうがらしの花

弥平とうがらし

栽培畑（湖南市 2012）

栽培畑（湖南市 2018）

収穫された弥平とうがらし

ユウガオ

ユウガオの原産地は、インドとする説や新大陸とする説もあるが、野生種や近縁種が分布するアフリカと考えられている（『改訂増補　栽培植物の起原と伝播』80頁参照）。栽培の歴史は古く、世界各地の紀元前1万年以前の墳墓や洞窟から種子や果皮の遺物が発見されている。日本でも縄文草創期・前期の鳥浜貝塚（福井県）などの発掘報告があって、非常に古い時代に渡来していた作物であると考えられている（『日本の野菜　新装改訂版』73頁参照）。

『日本書紀（二）』（242頁参照）には匏《ひさご》の浮き沈みで占いをしたという記述がある。また『和名類聚抄』巻16には「比佐古《ひさこ》」に「瓠・匏」字が書かれ、飲器とすべしとあって、容器として使われていたことがわかる。『広辞苑』では「ひさご」に「瓠・匏・瓢」の漢字があてられ、ユウガオ・ヒョウタン・トウガンなどの総称とある。

ユウガオは、ウリ科の蔓性植物である。夕方になると白い花が咲き、果実は7～8kgにもなる。かんぴょうはユウガオの実の果肉部を4cm余りの幅で薄く紐状に剝《む》き、乾燥させて作る。またユウガオは二つに割って、果肉を取り除き、乾燥させ、外皮の部分を杓《しゃく》（ひしゃく）や食器などにも使ってきた。『農業全書』（152頁参照）は「瓠《ひさご》、夕顔とも云ふ。丸き長き又短きものあり。又ひさく（柄杓）にするは、つる付のいかにも細長く末の所丸し。（中略）甘き物わかき時、色々料理に用い、干瓢《かんぴょう》にして賞翫《しょうがん》（あじわう）なる物なり」と記述され、江戸時代には容器用にもかんぴょうの材料としても栽培されていたことが分かる。しかし、かんぴょうにして食べる国は中国と日本だけといわれている。

ユウガオの実（甲賀市 2018）

夕方になれば咲く白い花

ヒョウタン（野洲市 2015）

ユウガオ畑（甲賀市 2017）

水口かんぴょう

かんぴょう（干瓢）は、ユウガオから作られる。

水口（甲賀市）でかんぴょうが作られるようになったのは、水口岡山城主・長束正家の時代、慶長の初め頃から（1596～）とされる。水口から日野町へ通ずる日野水口道路沿いに「瓜市《うりいち》」とよばれていた地名があったと伝えられ、瓜（ユウガオ）を販売していたと言われている（『甲賀郡志』下巻、1027頁参照）。

時代は、関ヶ原の戦い（1600年）によって徳川時代へと移り、水口は城下町であるとともに東海道の宿駅にも指定された。広重が東海道五十三次「水口・名物干瓢」を描いているように、水口のかんぴょうは、東海道名物になって街道を行きかう人々の土産とし

東海道五十三次「水口・名物干瓢」
国立国会図書館デジタルコレクション

近江の
伝統野菜
認定種

発祥地

甲賀市
水口町

て全国に広がっていった。

水口のかんぴょうの生産を伝える資料は、1872（明治5）年、オーストリアで開かれる万国博覧会に出品するため全国の物産調査が行われ、水口村から滋賀県に出された「乾瓢製造図絵」（『滋賀県管下近江国六郡物産図説』巻3甲賀郡下）に、明治から遡った幕末100年間のかんぴょう栽培農家と販売実績が克明に記録されている。また、『滋賀県市町村沿革史』（838頁参照）には、1978（明治11）年におけるかんぴょう製造戸数は、大字水口で320戸、2350貫（1貫＝約3・75kg）を最大にして、水口周辺地域の農家まで拡大した産地には旧柏木村216戸、157貫など。ほかに伴谷村210戸、貴生川村180戸、北杣村183戸との記述がある。

近年における水口かんぴょうの出荷農家は、JA甲賀によると10戸余りで出荷500kg足らずである。かんぴょう生産農家の一人、旧水口町美濃部地域の

乾瓢製造図絵『滋賀県管下近江国六郡物産図説』巻３甲賀郡下、滋賀県立図書館蔵

辻久太一郎さん（1936年生まれ）は、物心ついたときから夏はかんぴょうの中で暮らしていたと話す。かんぴょう作りは祖父の代まではわかるがおそらく、もっと以前から作っていたと思われるとのこと。年取った今は「7月中旬7〜8kgになったユウガオを畑から運び、紐状に剥き、炎天下に干す毎日の作業は重労働で年寄りの仕事ではない」と笑っていた。

ユウガオは、蔓を伸ばすので広い栽培地がいる。3月下旬から畑を準備し、自分で採った種子から育てた苗を4月下旬までに植え付け、摘心、蔓の成長とともに敷藁の作業など手間がかかる。収穫は果実が肥大して表面の細毛が無くなり、光沢をおびて表皮に爪傷がつく程度に硬くなったタイミングを見計らって行なわれる。ユウガオの果実は、95％まで水分である。4cmたらずの幅で、機械で剥く。天気がよければ2日で仕上がるが、乾燥が一気にできないと品質が悪くなる。近年は庭にビニールハウスがつ

ユウガオの花（甲賀市 2017）

くられ、その中に干すことができるようになったが、それでも旱天でないと、仕上がりが悪いという。よい天気の日は外で干すが、奥さんと二人でいくら頑張っても一日のできあがりは乾燥させたもので5～6kgである。

かんぴょう生産が昔と変わったのは、機械で剝くことと、ビニールハウスの中に干すようになって、急な夕立などに対応ができることぐらいである。昔と今も変わらないのは、夏の風物詩として話題になること。江戸時代は広重が描き、京都の文人はかんぴょうが竿に干される風景を俳句や絵画の題材にと訪れた。今はテレビが撮影に来る。

一番重労働であるという収穫（甲賀市 2019）

機械で紐状に剝く（甲賀市 2019）

かんぴょう干し（甲賀市 2019）

宇川寿司（かんぴょうを使った押し寿司）

かんぴょうと唐辛子の煮物

かんぴょう巻

シロウリ・マクワウリ

世界中の人々が食用にしているメロン、キュウリ、スイカ、カボチャなどはウリ科の植物である。しかし、それらの原産地はそれぞれ異なる。

メロンの栽培起源地は、アフリカのギニア共和国のニジェール川沿いとされている。メロンはエジプトを経てヨーロッパへ伝わり、また中央アジアから中国西域へと伝播した。シロウリは、インドに伝わったメロンから分化したのである。一方、中国に栽培が広がったメロンは、気候、風土に適応してメロンの変種となってマクワウリやシロウリに分化して、日本に伝来したと考えられている（『改訂増補　栽培植物の起原と伝播』74〜75頁参照）。

日本に伝来したメロンの変種は、『倭名類聚抄』巻17に蓏《うり》類として多くの瓜の記述があることから古代には渡来していたと考えられる。瓜実顔《うりざねがお》の形容は、古く日本女性の美人の条件にたとえられてきた。色白く、中高《なかだか》でやや細長く、ふっくらした顔立ちが瓜の種子に似ているからと伝えられている。また、「瓜二つ」「瓜の蔓《つる》には茄子はならぬ」などの言葉からウリは、日本人にとって生活に深く結ばれていた食材であったと考えられる。

マクワウリもウリとよばれていたが、キュウリなどが栽培されるようになると、甘いウリ（マクワウリ）と甘くないウリに区別された。シロウリは、成熟しても果肉が甘くならないので、主に酒粕漬（奈良漬）用としてつくられている。

一方、マクワウリは甘くなるので、生食用として食べられ、『農業全書』（141頁参照）には甜瓜《あまうり》、甘瓜、唐瓜の字があてられ、「夏月貴賤（身分の高い人低い人）の賞翫《しょうがん》する珍味たり。暑気をさり、渇きをやめ、酒毒《しゅどく》（アルコール中毒）を解す」と書かれ、広く誰にでも食べられていたことがわかる。

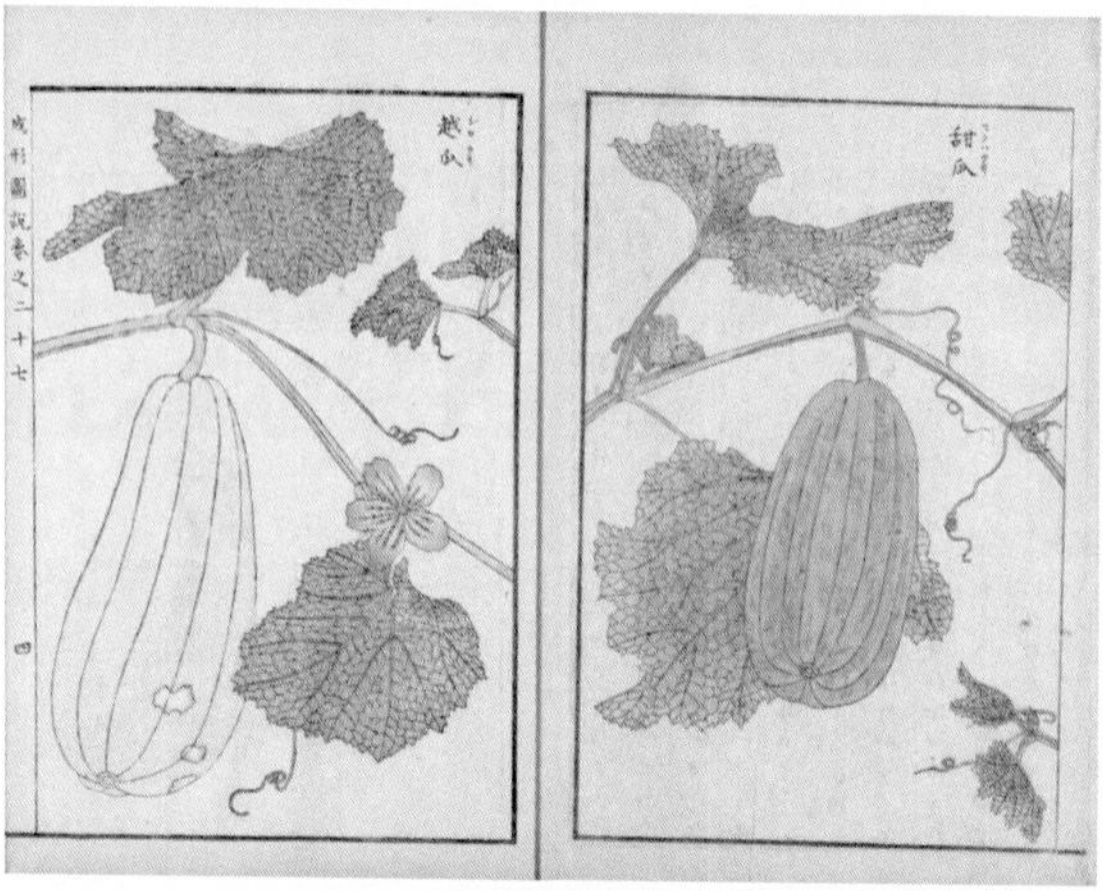

越瓜　甜瓜『成形図説』巻27
国立国会図書館デジタルコレクション

杉谷うり

杉谷地域（甲賀市甲南町）には、前述した近江の伝統野菜に認定された「杉谷なすび（本書102頁）」「杉谷とうがらし（本書113頁）」の他に、もう一種類「杉谷うり」がある。この種子も寺井節次夫妻が先代から受け継ぎ作り続けていたものであった。

杉谷うりは、長さ25〜26㎝余り、太さは直径9㎝位の大きさで収穫する中型の瓜である。皮は薄く、肉厚のシロウリである。杉谷地域では古くからそれぞれの家庭で毎年種子を採り、酒粕漬（奈良漬）や夏の漬物として糠床《ぬかどこ》に漬けるどぼ漬（浅漬け）用に栽培されていた。しかし、最近は漬物を食べなくなり、酒粕漬にする家庭も少なくなったといわれ、杉谷うりを作る農家が少なくなっている。

杉谷うりで作った酒粕漬は、食べると歯ごたえがあって大変おいしく、それぞれの家庭では親から子どもへと漬け方が秘伝のように受け継がれ、微妙に違うおふくろの味があったと言われている。近年はこのウリは青臭くないので若い人好みのサラダなどにも利用が広がっている。

杉谷なすびを栽培していた寺井節次夫妻は、東京で暮らす子どもの家族が「おばあさんの味を毎年待っているから送ってやらんならん」と、杉谷なすびの圃場に「杉谷なすび」「杉谷とうがらし」とともに「杉谷うり」も栽培していた。

発祥地

甲賀市
甲南町杉谷地区

現在、杉谷地域で杉谷と名の付く在来野菜を栽培する農家は、10軒であるが、杉谷なすび、杉谷とうがらしが中心で、杉谷うりの栽培は10軒の農家のうち数軒である。

栽培畑（甲賀市 2018）

栽培の様子（甲賀市 2018）

粕漬け　塩漬け

粕漬け　琥珀色に漬かったウリ

なりくらマクワ

発祥地

野洲市
旧中主町地域

なりくらマクワは、甘いウリである。旧中主町（野洲市）地域で栽培されているとの報告がある（『近江の特産物発掘調査報告書―滋賀の地産地消推進事業』（24頁参照）。旧中主町域は琵琶湖の最も狭い箇所の、琵琶湖大橋が架かる東側、野洲川と日野川にはさまれた沖積地の水田地帯である。なりくらマクワは、広く旧町域で栽培されていたと伝わるが、野洲市野田地域では、昔から現在も変わることなく、どこの家でも栽培が続いている。

木村左右吉さん（1944年生まれ、野洲市野田）に話を聞くことができた。母親が当家に嫁いできた以前から作られていたと話し、近頃は、近隣の種苗店で5月上旬、苗を買ってきて栽培することが多くなったが、昔は自家採種した種子から苗を作り植えていたと言う。

なりくらマクワは、前年栽培していた畑から発芽してくるほど生命力が旺盛なマクワウリであると言う。これは、ほどよく熟れたころカラスやタヌキに食べられ畑に散乱した種が、冬野菜の大根や白菜を栽培するため耕耘《こううん》した土のなかで越冬したと考えられる。もったいないので、時期をずらし、自然生えも植え直して育てている。気温が高くなると生育は旺盛で、市販の苗と同じように生育する。実が大きくなると土に直接つかないように、藁などを敷き、摘心するなどしながら脇芽を伸ばし成育を見守る。

なりくらマクワは、栽培しやすく、ごろごろと表現したくなるほど実がなる。実の大きさは手のひらサイズで、薄緑色の中に濃い緑の縦縞が10本余り入る。肉質は柔らかく、メロンのような滑らかな舌触りである。糖度も高く甘くおいしい。子どもの頃から田舎では夏のおやつとして井戸水で冷やし、よく食べられていた。おいしさは、メロンより上であると言う。また、お盆のお供え物としてかかせないものの一つである。未成熟なものは、糠味噌漬け・どぼ漬けにしていた。

滋賀県内では、種子が地域のタネ屋で売られていることから広く各地で栽培され、ＪＡの直売所や道の駅でも最盛期には売られている。

実と断面

栽培の様子（野洲市 2021）

タネ屋で見つけたなりくらマクワの種子袋（2019）

葉菜類

ツケナ
ネギ

葉菜類は、茎と葉を食べる野菜で一般には「菜《な》」と呼ばれる。茎と葉を食べる野菜はホウレンソウやネギ、シュンギクなど種類が多いが、ことにアブラナ科にはツケナなど多くの品種がある。ツケナは、同じアブラナ科のハクサイやキャベツのように結球する種類とは異なる、非結球性の葉菜類の総称で、壬生菜、野沢菜、高菜などがよく知られる。また、漬物には利用されないコマツナのような野菜も含まれる。

アブラナ科の野生種は、『日本の野菜　新装改訂版』（152頁参照）によると地中海地域から中央アジア、北欧まで広い範囲に分布していた種が東方に伝わって、中国で栽培され野菜となった。『野菜の日本史』（25頁参照）では、古典籍にツケナと考えられる「菘」「菘菜」「阿乎奈《あおな》」「蔓菁《あおな》」「蕪菁《あおな》」「菁」「蔓菜」などの文字が書かれていることを指摘し、日本への伝来、種の同定、分類、利用法などが示されている。

ツケナ

ツケナは、変異性に富んでアブラナ群（茎立菜）、カブナ群（野沢菜）、体菜《たいさい》群（杓子菜）、ハクサイ群（非結球　広島菜）、ミズナ群（水菜、壬生菜）、雑種群（小松菜）（カッコ内はよく知られた品種）などに分けられ、日本各地には変異種がある（『日本の野菜　新装改訂版』152〜156頁参照）。

滋賀県の在来野菜のなかでツケナに分類される野菜は、湖北長浜市の尾上地域と高月地域にある。花茎を利用するツケナの茎立菜《くきたち》は甲賀市土山町にある。これらの野菜は漬物や御浸《おひた》し以外にはあまり利用されることなく、大量生産されることもなく、古くから自家用に栽培されてきたのである

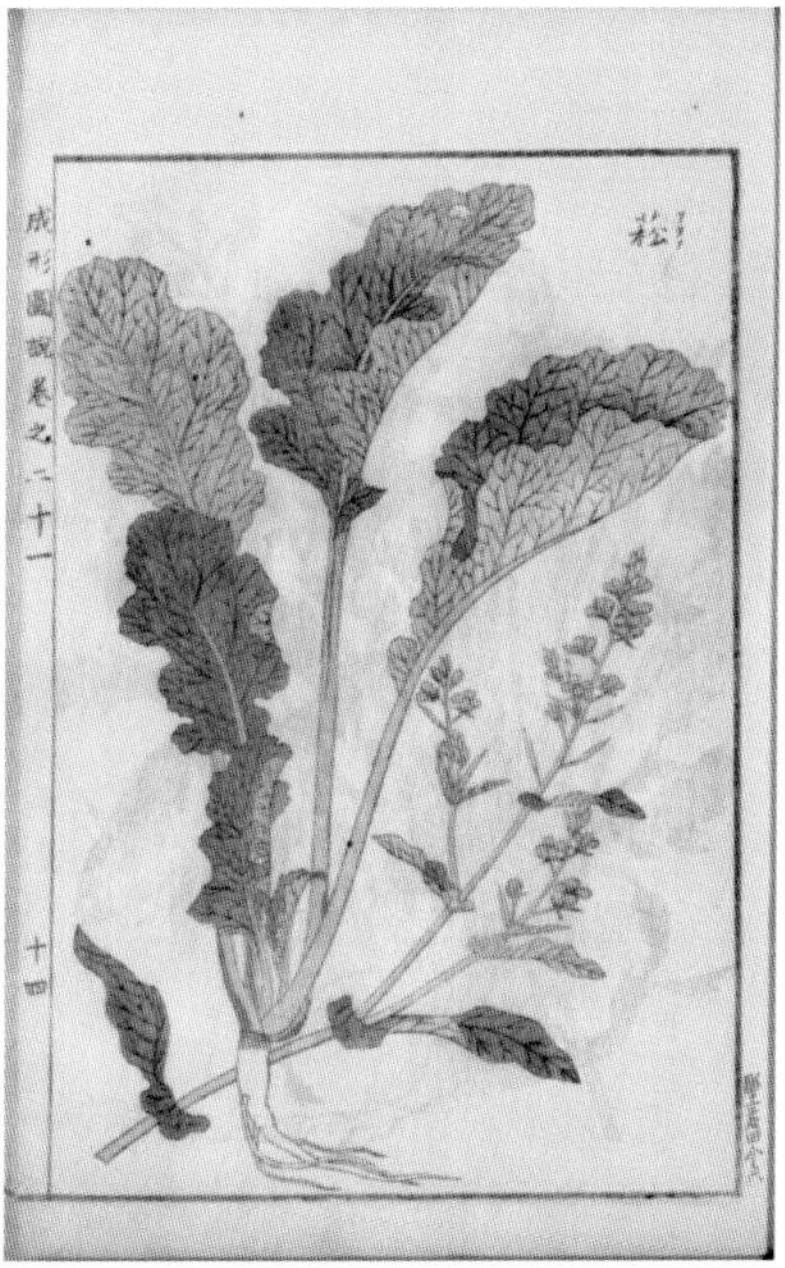

菘『成形図説』巻21
国立国会図書館デジタルコレクション

高月菜

高月菜は雪深い旧高月町域で作られている野菜である。旧高月町のほとんどの農家では古くから栽培されていた。一言で高月菜と言っているが、地域ごとに名前・呼び名が付けられている野菜である（「高月菜の文化と継承の課題」16〜18頁参照）。聞き取りした古保利《こほり》学区の地域では「高月菜」と呼ばれているが、物部《もののべ》地域では「物部菜」、西野地域では「西野菜《にしのな》」である。変異はあるものの、同じ作物として個々の農家によって継承されてきた。

高月菜は、カブからツケナに変異したと考えられている。根はカブのようなイメージではないが、かなり肥大する。葉はダイコンに似て切れ込みが大きく、厚く細かい毛がある。9月上旬、苗床に播種し、育った苗を畑に移植してつくる。苗を植えるとき、「かえり」とか「ばけ」といって葉に切れこみのない丸い葉や赤い軸など変異株を除去して植えつける。そのことによって固定種として維持されてきた。

食する葉は、生育にあわせて順次かき取って収穫していく。高月菜は、寒さに強く、冷え込みや霜、雪が降っても育ち、雪が降ると一層おいしくなる。雪の中から掘り出してでも収穫できる冬場の貴重な野菜である。食べ方は、後述する尾上菜（本書136頁）と同じように掻き取った葉を重ね「畳漬け」（はぐき漬け）にするほか、あぶらあげと煮物にしたり、

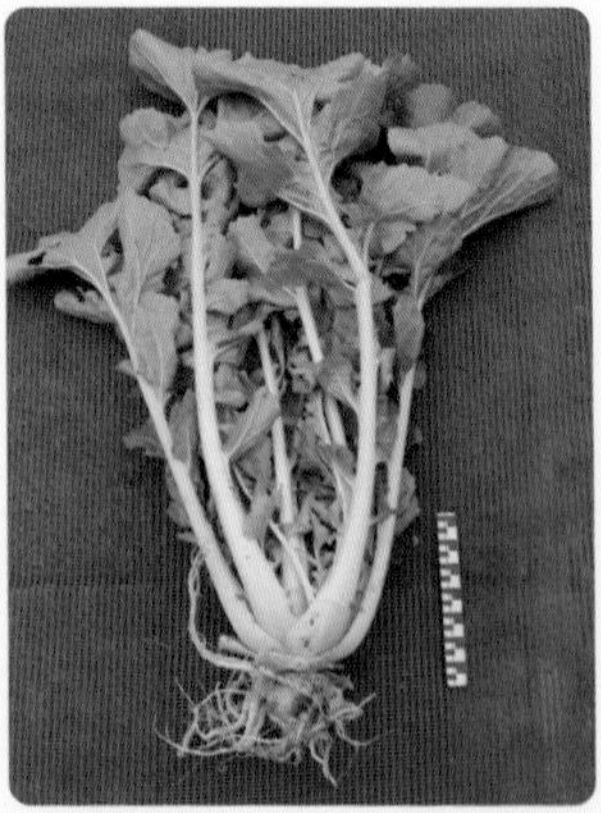

発祥地

長浜市
高月町地域

味噌汁の具、炒め物に使われる。

旧高月町には有機栽培グループがある。グループの活動は、昔から地域で作られていた野菜を守り学校給食などに提供して、子どもたちに郷土の野菜を知ってもらう学習を応援していた。しかし、市町村合併によって行政が大きくなると、学区の小学校に少量納めるようにはいかず、栽培が片手間仕事ではできないようになった。また、少量なので市場にも出せないが、自家用として種子を絶やさない程度に毎年つくっている。前述した高月丸ナス（本書100頁）も同じ思いで毎年つくっていると安藤美幸さん（1951生まれ）は話された。

栽培畑（長浜市 2019）

栽培の様子（長浜市 2019）

葉形と色、葉柄の色（長浜市 2018）

尾上菜

尾上《おのえ》菜がいつから栽培されるようになったかは、定かでない。尾上地域（長浜市）では昭和40年代（1965～1974）の半ば頃まではどこの家庭でもつくっていた冬野菜である。近年、核家族化とともに、農業に携わる若者が減少して、尾上地域での栽培者は数軒になっている。栽培者は当然、高齢者で、今回の聞き取りに尋ねた涌井洋子さん（1944年生まれ）と山岡絹代さん（1950年生まれ）もそうだった。

尾上菜は、カブから生まれたツケナと考えられている。葉は切れ込みが大きくダイコンの葉に似ているが毛がない。湖北地方には伝統的な漬物「畳漬け」があるが、尾上菜は畳漬け用に栽培されていた。葉が大きくなると葉柄ごとかき取って固い葉柄は取り除き、葉を畳床のように交互に重ね、塩で漬け込む。その漬物をすべて食べてしまうと、雪除けしたビニールの覆いをとって葉をかき取り、何度も漬ける。3月抽苔《ちゅうだい》（とうだち）前に根ごと引いて糠漬けにする。糠漬けは保存食とされ、不意の不幸があっても対応できるように備えの漬物にしたことから「葬式菜」ともいわれた。また、その年に桶の底に食べ残しができると、塩抜き（けだし）をし、贅沢煮と同じように「ひねぐき煮」にして食べる。まったく無駄にしない自給自足時代につながる在来野菜である。

種子は採種用に5～6株残したものから毎年更新

発祥地

長浜市
湖北町尾上地域

しているが、周りにはアブラナ科の野菜も作っているので、交雑が起きていると考えられる。しかし、それほど気にかけることなく昔ながら続けられてきたやり方であると話す。昔からつくっている尾上菜の特性と明らかに異なる、葉に毛があるものや葉柄が紫色のものが見つかると引き抜いて処分する程度だと言う。

涌井さんは、大阪の大学で学ぶようになった孫が、たまに帰省すると「おばあちゃんの漬物ないのか」と言うそうだ。この言葉で尾上菜をいつまでも作り続けていく元気をもらうと言うが、一方で周辺の栽培者はやがていなくなると心配している。

近年、長浜バイオ大学では土を使わず植物工場で安定的に野菜を大量生産するプロジェクトに着手し尾上菜に注目している。尾上地域の5~6人の栽培者が種子を提供して県立長浜農業高等学学校で栽培が行われ固定選抜を進める。そのなかから長浜バイオ大学による尾上菜のブランド化を目指す研究が始まることに地域は期待を寄せている。

畳漬け

尾上菜の葉を摘み取る（長浜市 2019）

成長と共に掻き取られた尾上菜（長浜市 2019）

冬、シートカバーがかけられた栽培畑
（長浜市 2019）

鮎河菜

鮎《あい》河《が》菜《な》は、昔から地元では「水菜」とよんでいた在来野菜である。同地域ではどこの家でも庭先の菜園で作っている。日野町の売薬商人が信州から持ち帰った種子によって、鮎《あい》河《が》地域に広がったと、聞き取り調査した前田薫さん（１９２９年生まれ）は言う。前田さんの母親は、１９０５（明治38）年生まれで、物心ついた頃には鮎河菜を作っていたそうだ。自分の代になっても毎年のように作ってきたので、少なくとも１００年前から栽培されていると言う。

鮎河菜は、鮎河以外の土地でつくると1年目は普通に生育するが、次の年からは鮎河で作られているようなものができなくなり、純系のものを残していくことが困難であるといわれている。地域特有の気候や地味など自然条件のなかでつくられてきた在来野菜である。

鮎河菜は、ナタネ油を搾るナタネに似た野菜で、茎立菜と呼ばれ、春先花茎を食べる品種である。栽培は9月下旬に苗床に播種して、苗を育て、畑に植え替え、栽培しているが、シカやイノシシの獣害防止のため近年はネット柵などによって囲われている。減反などの転作による栽培は、水田を耕し、畝をたて10月下旬～11月に定植して冬の寒さの中で育てられる。暖かくなってくる3月中旬～4月になると、とう立ちして、つぼみが膨らみ、花が開きかける前

近江の伝統野菜認定種

発祥地

甲賀市
土山町鮎河地区

にその茎を手で折って収穫する。茎ごと一夜漬けにしたり、サッとゆがいたものを和え物にしたりして食べるのが旬を逃さない食べ方である。とう立ちのタイミングに合わす収穫は、人手がかかり、花が開くと商品にならないから、勤め人の休日農業ではできないといわれている。

１９８２（昭和57）年から新農業構造改善事業における特産品づくりに取り組むなかで鮎河菜は滋賀農業試験場（現滋賀県農業技術振興センター）において品種の固定化がされてきた。昭和60年から地域グループによる共同栽培が行われるようになって「鮎河菜」と名が統一された。

平成19年農事組合法人「すごいぇのう鮎河」が生産の主体になった。それで栽培が拡大され、春の訪れとともに季節限定の商品として生活協同組合コープしがなどの注文に応じてきていた。その栽培の中心者であった北谷嘉一郎さんは、高齢のため自家用程度に栽培を減らされていたが、２０２１年3月訃報に接した。現在は出荷販売する生産者は前田薫さんら2～3人になってJAこうかの直売所に出荷しているのみである。

辛子和え

鮎河菜の豚肉巻きフライ

栽培畑（甲賀市 2019）

摘み取り（甲賀市 2015）

放棄され花を咲かせた鮎河菜（甲賀市 2019）

ネギ

ネギはユリ科の多年草である。「野菜生産出荷安定法」（1966年制定）に指定されている野菜のなかで、日本人にとって昔から薬用や香辛料などに欠かせない主要野菜として栽培されてきた。

ネギの原産地は、中国西部地域と伝えられている。朝鮮半島を経て日本に伝来した。『栽培植物の起原と伝播』（110〜111頁参照）にはその年代も不詳とあるが、『日本書紀（三）』（138頁参照）仁賢天皇6（493）年9月に「秋葱《あきぎ》」（秋時の葱）が記述されていることから当時すでに野菜・食料であったと考えられる。江戸時代には全国的に栽培され、重要な野菜であった（『農業全書』155頁参照）。

ネギはその仲間も含めて500種類以上あると伝えられ、ワケギ、アサツキなどは家庭菜園でおなじみのネギの仲間である。白根の長い根深葱《ねぶかねぎ》と葉葱に分類できるが、関西では葉葱がよく作られている。一方、耕土の深い地域では分げつ（蘗）しない1本葱が多く作られている。

ネギの利用は刻み薬味として冷奴、味噌汁の薬味に使われるが、脇役にとどまらず、ネギトロ、ネギラーメン、白ネギの串焼きなど巷にはネギを使った多くの料理がある。冬場の鍋料理の定番、すき焼き、寄せ鍋などのおいしさを引き立て、なくてはならない野菜である。

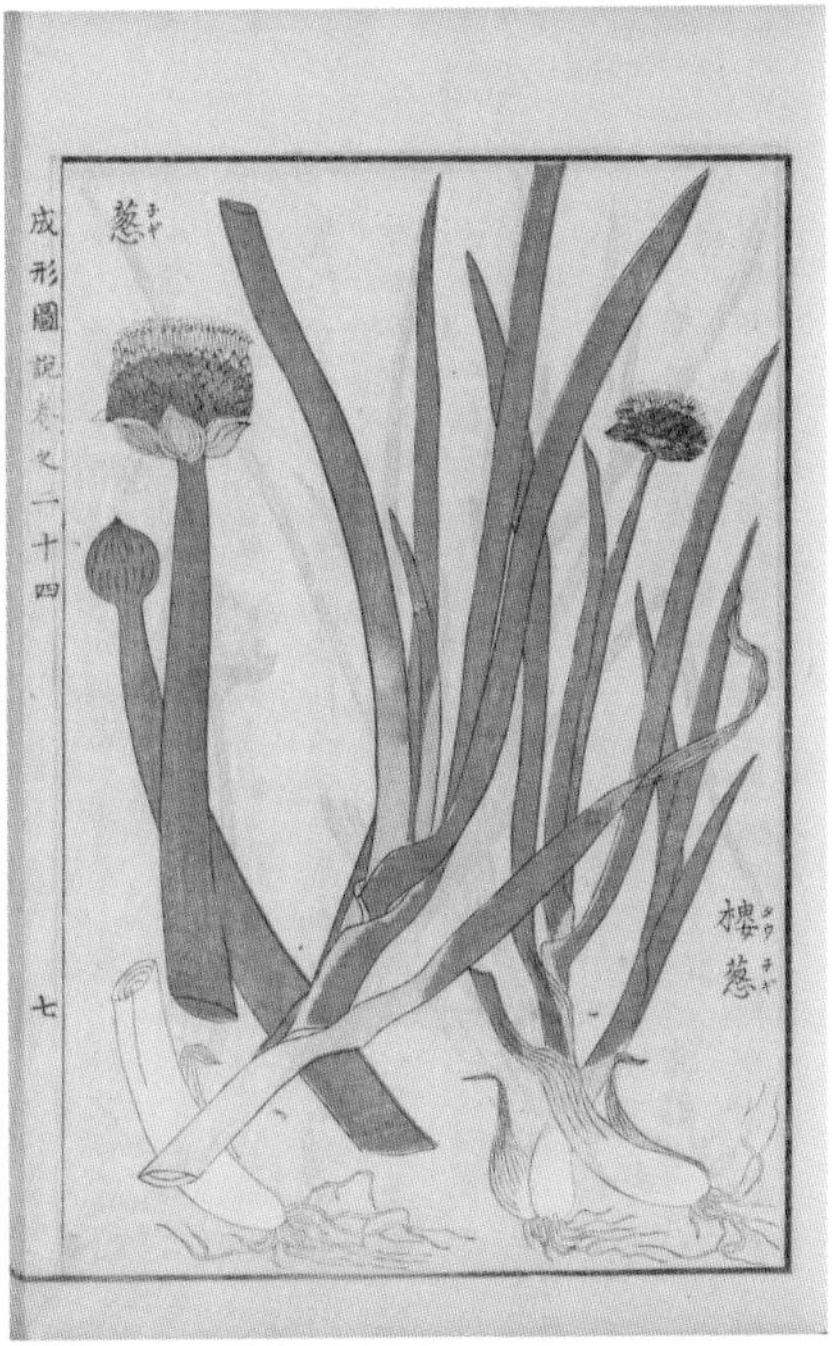

葱『成形図説』巻24
国立国会図書館デジタルコレクション

豊浦ねぎ

近江八幡市安土町豊浦地域は大中湖、西の湖に接する水郷地帯で、古くから稲作はもとより、ニンジンの種子採種とネギつくりが生業であった。豊浦《といら》ねぎは、葉葱で明治以前から栽培されていたと伝えられている。その形態は京都の伝統野菜である九条葱の系統と考えられる。ＪＡグリーン近江は、２０１５年に青ネギ（葉ネギ）で商標登録をし、登録した「安土豊浦ねぎ」の名称で市場に出している。ネギの長さが80㎝、白根が10~15㎝、太さ１㎝、さらに、種子は自家採種した種子と条件規制をして品種維持を保っている。見た目には少し細身で、白根は比較的長い。葉はみずみずしく、しっかりして、香りが濃厚である。

安土地域のＪＡグリーン近江の葱部会員には25戸が所属しているが、歴史ある豊浦ねぎを栽培している人は５人あまりである。約８ａの畑で栽培して、市場に出荷するとともに生活協同組合コープしがの共同購入ルートや休暇村近江八幡、ＪＡグリーン近江直売所などに出荷している。その一方で同じ生産者が一本ねぎの根深ネギである信長ネギ（販売名）も栽培している。信長ネギは出荷準備がほとんど機械化できるようになって、在来の根深ネギ（豊浦ねぎ）から信長ネギへ作付けを変える人が増えている。豊浦ねぎは、生産者の高齢化や後継者がいないなかで

発祥地

近江八幡市
安土町下豊浦地区

栽培が続けられているものの、流れに抗しきれず出荷量は減少し続けている。

栽培畑（近江八幡市 2015）

採種準備（近江八幡市 2017）

ネギの花（ネギ坊主）（近江八幡市 2017）

よく分げつした豊浦ねぎ
（近江八幡市 2015）

宮野ネギ

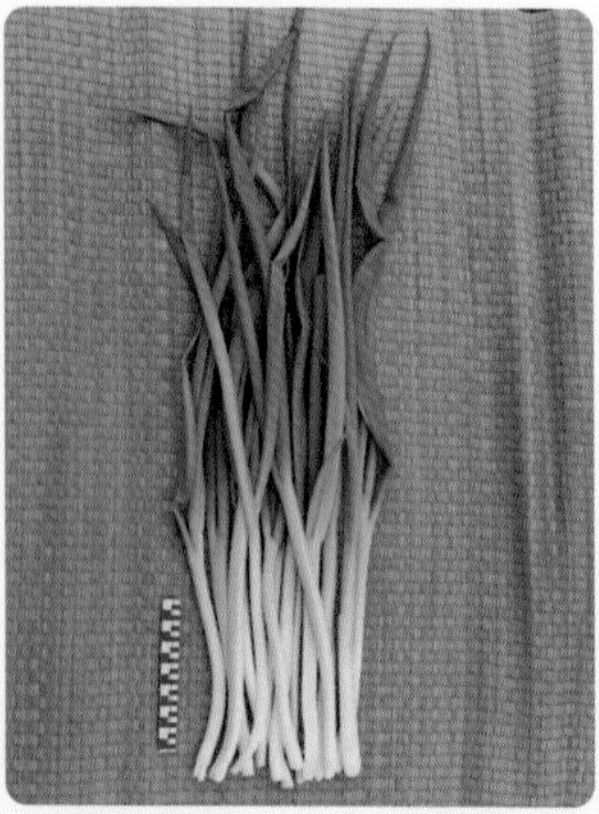

発祥地

**高島市
宮野地域**

宮野ネギの産地は、琵琶湖の西岸、国道161号と並行して連なる比良山地の途切れた北の端である。比良山地を源流にした鴨川によって開けた地域である。この地域は冬型の気圧配置になると日本海側と同じように山地、山間部はかなりの雪が降り、平地であるこの地域でも例年雪が積もり厳しい冬になる。

宮野ネギは、雪深い地域で育てられた在来野菜である。品種は九条ネギに似た葉ネギである。白井与四次さん（1937年生まれ）に話を聞くことができた。祖父がネギを作っていたことを覚えていて、父と三代にわたりネギをつくってきた人である。この地域では、1955（昭和30）年頃までは集落全体がネギをつくり、「宮野ネギ」の名で出荷していた。古くは自転車やリヤカーで、近隣は言うに及ばず、朽木村（現高島市朽木）まで、庭先に仮植えできるように、土のついたままのネギを売りに行っていた。大津の市場がにおの浜にあった1985（昭和60）年頃が最盛期で大津市民から柔らかいネギであると評価され、宮野ネギは名が通っていたと言う。

宮野ネギは、露地栽培である。比良山地から鴨川が運んだ砂質土壌の圃場を整備し、水田につくられた高畝に植えられている。昔から有機栽培で化学肥料はほとんど使われていない。土寄せを3～4回すると白根部分が長くなる。雪によって土が被らない外の葉は少々傷んで見栄えはよくないが雪の寒さによって柔らかく甘くなると言う。良い葉は雪の重みで折れるものもあるが、新鮮で柔らかいというのを売りにして雪が積もっても雪の中から収穫する。このように地域の気候に合わせた栽培方法によって作られている。

かつては40数軒が栽培していたと言われるほど盛んだったが、現在の栽培農家は数軒になっている。昔からの栽培方法でつくり、道の駅に出荷しているのみである。白井与四次さんは定年を迎える息子さんに何とかつないでほしいと期待を寄せていた。

土寄せされた深い畝に雪が残るネギ畑（高島市宮野 2021）

花菜類

食用（料理）ギク

食用（料理）ギク

キクのイメージは、秋の菊花展などで見る豪華な観賞用のキクや、料理の刺身に添えられた黄色の小菊が思い浮かぶ。しかし、花びらを食べる食用のキクとなると、関西ではあまり知られていないのではないかと思われる。食べるキクも観賞用のキクも元をたどれば同じである。食べるキクは、苦みのない、香りのよい、花弁の収穫量の多い品種が選び出され、食べる部分の花びらが大きくなるように品種改良されてきたと考えられる。山形県や新潟県では紫色や黄色の中輪より少し大きい食用ギクが栽培されている。

キクが日本にもたらされた来歴は、明らかでない。7世紀の初めから8世紀にわたり、約4500の歌が収められている『万葉集』にはキクを詠んだ歌がない。『源氏物語』にはキクの記述はあるが、植物名で伝えられているのみである。

食用化が始まったのがいつの頃か分からないが、料理にして食べられたキクは、比較的新しいと考えられている。

芭蕉が近江を旅し1690（元禄3）年堅田で詠んだ句から江戸時代には食用（料理）ギクは広い地域で栽培され一般的に食べられていたと考えられる。食する野菜として滋賀県内で食用（料理）ギクが伝えられているのは坂本地域のみである。

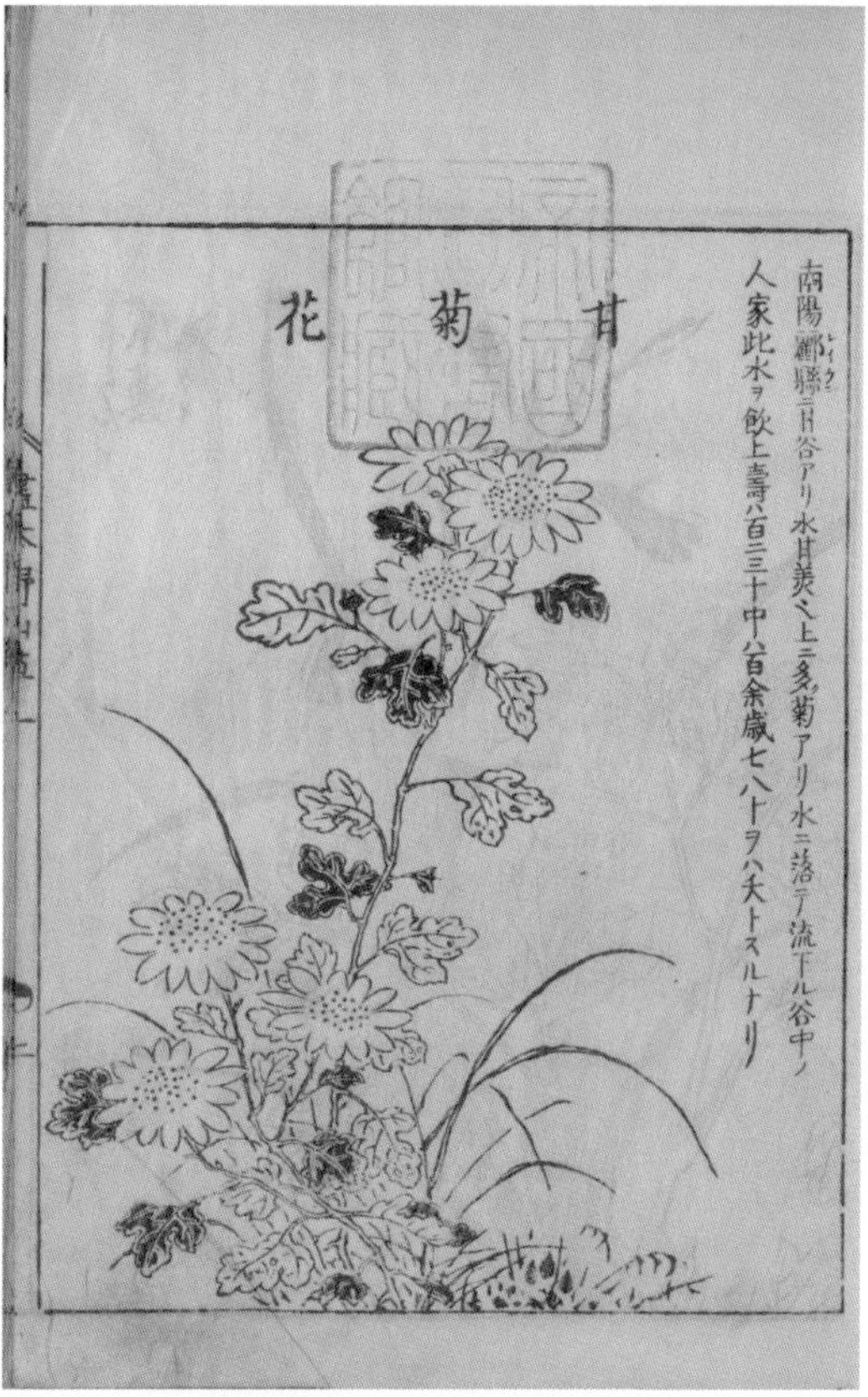

甘菊花（料理ギク）『絵本野山草』巻１
国立国会図書館デジタルコレクション

坂本菊

芭蕉が1690（元禄3）年堅田で詠んだ句に、〈蝶も来て酢を吸ふ菊のすあへかな〉〈折ふしは酢になる菊のさかなかな〉がある（『芭蕉句集』335〜336頁参照）。キクの花を酢和《すあ》えにして食していたことがわかる句である。現在栽培されている坂本菊は、その頃から作り続けられてきたかどうかは分からない。坂本地域で食べられていたキクは、食生活が大きく変化する昭和30年頃までは、どこの家庭でも庭の周りや菜園に普通に栽培していたと伝えられている。坂本菊は花が4㎝余りの黄色の中菊で、花びらが食され、菊の色合いとほのかな香りが味わえる。しかし、その坂本菊には、花弁が管状（筒状花）と平弁状（舌状花）の品種が混在している。近江の伝統野菜の認定の紹介では、筒状花である（滋賀県ホームページ）。品種固定を厳格にしていかないと伝統がくずれる。

自家用に坂本菊を作る人が少なくなっていく1988（昭和63）年頃、女性を中心に「坂本料理菊振興会」が結成され、栽培とともに菊を利用した料理を考案し、献立を考えるなど研究と普及が進められてきた。そうした流れのなかで、地元の西教寺に坂本菊が納められ「菊御膳」の幟旗《のぼり》が立てられるようになって、季節限定「菊づくしの膳」が毎年続いている。しかし、高齢化などにより女性グループの活動が低調になるにつれ、栽培者グループの主体は、1995（平

近江の伝統野菜認定種

発祥地

大津市
坂本地域

成7）年から老人会に移り栽培が受け継がれてきたが、それも長くは続かなかった。

一方で、栽培地であった坂本地域は宅地開発が進み、栽培地が減少し、キクは連作が難しいことなどから栽培を続けていくことが困難になった。取材当時は、ＮＰＯ法人坂本菊会《さかもときくえ》２０１６（平成28）年設立のメンバーである2人が守っているのみであった（２０１８年の聞き取り調査）。

その一人、高阪音吉さん（故人）がお元気であった２０１８年11月、訪れた栽培地は、来年栽培できるか分からないと話されるほど、住宅開発がキク畑の傍まで進んでいた。栽培は、幅80㎝の畝をつくった2a足らずの圃場に昨年の株から出た脇芽と5月初めにさし芽で育てた苗を、6月中旬に２０００本余り定植し、夏の旱《ひでり》に日よけ、水やりに苦労しながら管理されていた。秋、花弁が割れる前に、花を付け根から手でもぎ取り、収穫した花から１５０㎏余りの花びら（花弁）を西教寺などに納めていた。もう一人の芝村貞喜さん（１９４７年生まれ）は、伊香立南庄（大津市）の山間地でこぢんまり栽培している。自家用には花びらをゆがき、冷凍保存していると話されていたが、キクのイメージは「秋」が強すぎ、季節外れの利用には向かないので、販路を拡げるためには家庭料理と結びつけなければならないと言う。

継続には後継者不足、栽培地の確保などいくつもの課題が立ちはだかっているが、もともとは、農家の庭先や菜園に畳１枚余りの土地に植えられていたキクである。秋になれば花を摘み取り、その日の食卓の一品として食べるために作られていた作物である。絶やすことなく、守り、育てる手立てを考えなければならない時が来ている。

大津市伊香立南庄の栽培地（2019）

管弁（左）と平弁（右）の比較

住宅地開発が進んだ中での栽培地（大津市 2018）

もぎ取りが頃合いの花

住宅地開発が進んだ中での栽培地のさし芽の様子
（大津市 2018）

花・花弁（食用にする部分）

酢の物

芋類

ヤマイモ・ナガイモ

イモは、根や茎に翌年の生育のためにデンプンなどの栄養分を蓄えている。収穫時にイモが畑に残っていると、翌年生育に適した時季に芽を出して育つ。栄養を貯蔵する方法が種類によって異なり、ジャガイモやサトイモは茎が肥大して栄養が蓄えられている。サツマイモやナガイモは根が肥大したものである。

イモ類は、ジャガイモ（バレイショ）、サツマイモ（カンショ）、サトイモ、ヤマイモなどに分けられる。サトイモの日本伝来は、イネより早いと伝えられ、主食として穀物を補う大切な食料であった（『農業全書』193頁参照）。また、サトイモには農耕儀礼や祭礼などの民俗文化が伝わっている。「芋くらべ祭り」（日野町中山、熊野神社）、ズイキ神輿がつくられる「若宮殿相撲御神事（ずいき祭り。野洲市、御上神社）などがあり、各地の祭礼で崇められ、人々の暮らしのなかに生き続けてきた野菜の一つである（『芋と近江の暮らし』38頁参照）。

昔から在来野菜として記録に残されているサトイモの産地を訪ねた。品種の維持継承が困難であったと考えられ、昔から継承されていた在来種は途絶えていたが、近年、往年の産地名を生かし、市販の品種によって復活が進んでいた。情報を得ながら調査ができていない種類に自然薯（多賀町）、弥高のさつまいも（旧伊吹町）、野路いも（草津市）がある。

滋賀県におけるイモ類の在来種は、ナガイモに分類される秦荘のやまいもがある。

ヤマイモ・ナガイモ

ヤマイモといえば、日本の山野に自生している、多年草のつる植物の根が肥大した自然薯がよく知られている。自然薯やナガイモは名称が混乱している。本書は『日本の野菜　新装改訂版』（291～294頁参照）を参考に自生種はヤマノイモ、栽培種はナガイモとした。

ナガイモの原産地は、中国南西部の高地、雲南地域と伝えられている（『栽培植物の起原と伝播』120～121頁参照）。中国では紀元前から栽培され、日本には中国から渡来したと考えられている。その時期は不明である。

ナガイモは名前の通り、長いものもあるが、丸い形も、手のひら状の形もある。その食べ方は、薬用、食用いずれにおいても、おろしてトロロにして食べることが最もポピュラーである。健康志向から千切りにして酢の物にするなど、新しい発想から多くのレシピがネットにはあふれている。種類によって多少の違いはあるもののカリウム、アルギニンなど多くの栄養素が含まれる食材である。

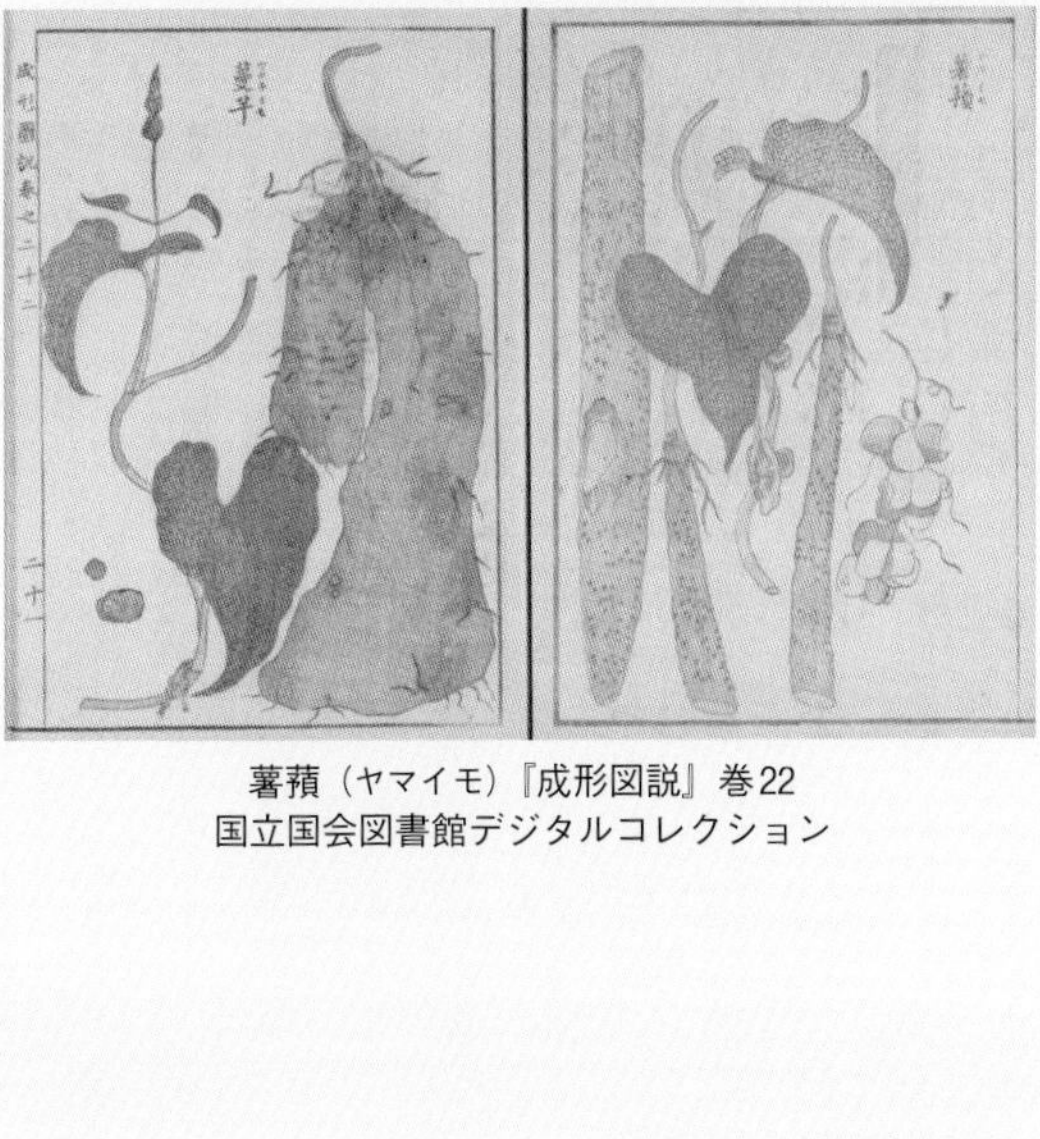

薯蕷（ヤマイモ）『成形図説』巻22
国立国会図書館デジタルコレクション

秦荘のやまいも

秦荘のやまいもの栽培は古く、およそ300年前の元禄時代、伊勢参りの土産として持ち帰ったイモを栽培したことからはじまったと伝えられているが、伊勢のイモは丸いことから、その真偽は定かでない。1928（昭和3）年、昭和天皇即位の大礼に、秦荘のやまいもを献上している（「マイナークロップ「秦荘やまのいも」」28頁参照）。

秦荘のやまいもは、20〜24cmあまりの長さ、太さ5〜6cmで、こぶ状に膨れた寸胴型のイモが伝承の形態である。この芋は、水分が少なく、すりおろすと箸で持ちあげられるほど強い粘りがある。また、アクがないことから変色することなく、いつまでも純白で美しく、食欲をそそる。

秦荘のやまいもは、宇曽川と岩倉川に囲まれた愛荘町安孫子、北八木、東出地域のJA東びわこ「秦荘のやまいも振興会」に所属する23戸の農家を中心に、8haあまりの水田を高畝にした畑で、栽培されている。種イモは、すべて自家でつくり、2年がかりの栽培である。4月上旬、選別した種用のイモを20〜30g余りの大きさに輪切りにして種イモ用に植え付ける。同時に前年に育てた種イモを別の畑に植え替え育成していく。

イモの植え付け方も独特で、植え付け場所を鋤《すき》で穴状に広げ、川砂をその穴に入れる。その上に種イ

近江の伝統野菜認定種

発祥地

愛荘町
安孫子・北八木・東出

モを横にして置き、周りの土で覆い、芽出しを待つ。砂を入れた穴は、種イモの横にできる新しいイモの生育を誘導するためで縦に入れた砂が寝袋の役目をする。

植え付け後、イモの蔓が伸びだす前に、土壌の乾燥を抑え、湿度を保つため敷き藁をする。蔓を誘引する支柱を立て、ネットや綱を張り、蔓を絡ませる。生育期の栽培畑は、蔓が伸び、蔓同士が絡みボコボコ立ち上がった畑になり遠くからでも確認できる。葉が黄色く色づき落ちかける10月下旬頃から収穫がはじまる。

収穫期に入ると、道路沿いの農家の庭先には、幟旗が立ち自家販売が始まる。一方、ＪＡ東びわこでは出荷に備え、ブランド価値を確保するための「目合わせ会」（ランク等級決め）が行われる。きびしい品質の統一が確認され、共同出荷が始まる。近年は生産者自らの産地直送が多くなって、収穫時季には近所の応援も得て発送作業が進められている。

収穫、乾燥（愛荘町 2019）

箸で持ち上げられる強い粘り

早春 植え付けられた波形模様の栽培畑（愛荘町 2019）

夏 青々と蔓が盛り上がった栽培畑
（愛荘町 2019）

掘り取り作業（愛荘町 2019）

秋 色づく栽培畑（愛荘町 2019）

Ⅳ

消えた在来野菜と未調査のもの

江戸時代以降の書物（古典籍）に記述されている在来野菜で、種子あるいは種イモの継承が途絶え、現在栽培されていない品種名を上げる。

1　古典籍に記述された在来野菜

◆『毛吹草』（1645（天保2）年、171頁参照）

志賀山中大根《シガヤマナカノダイコン》

兵主菜《ヒョウズナ》

◆『淡海録』（1689（元禄2）年、102～103頁参照）

志賀郡　勢田（青瓜）

　志賀山中（大根）

野洲郡　兵主（菜、蕪、大根）

犬上郡　多賀（牛房）

　ほうづき村（大根）〔保月〕

　平田（瓜）

◆『農業全書』（1697（元禄10）年、133頁参照）

菘《うきな》（蕪菁に似て別なり）

兵主菜《ひょうずな》

◆『風俗文選』（1706（宝永3）年、39頁参照）

湖水ノ賦

　柳大根

　兵主蕪

◆『大和本草』巻5（1709（宝永6）年、国立国会図書館デジタルコレクション）

菘

　近江菜

◆『菜譜』上巻（1714（正徳4）年、国立国会図書館デジタルコレクション）

菘

　近江のうきな、兵主菜

◆『新註　近江輿地志略』巻97・98（1734（享保19）年、1174・1191頁参照）
志賀郡　柳蘿蔔根《やなぎだいこん》（南志賀柳田庄、細口大根）
野洲郡　兵主蕪《ひやうずのかぶら》　近江菘　うき菜
◆『日本山海名物図会』巻2（1754（宝暦4）年、国立国会図書館デジタルコレクション）
近江蔓菁
◆『物類称呼』巻3（1775（安永4）年、国立国会図書館デジタルコレクション）
菘
ひやうずな（兵主菘）
◆『近江名所図会』巻2（1815（文化12）年、143・148頁参照）
大根（山中・志賀）
蕪（兵主・五器、二種ともに其根大さ凡一抱にて引ぬきし穴は井戸にひとし）
瓜（平田）
青瓜（勢田）

◆『日本産物志』前編近江上（1873（明治6）年、国立国会図書館デジタルコレクション）
ダイコン　志賀郡志賀
マクハウリ　愛知郡清水、平井辺
ゴバウ　犬上郡多賀
ス井クワ　坂田郡鳥居本
◆『近江名跡案内記』巻9（1891（明治24）年、456頁参照）
兵主蕪ト云フテ名産ナリ

2　近年の調査報告に記述された在来野菜とその現状　※【　】内は筆者の調査及び文献などによる現況

◆『野菜の地方品種』１９８０―Ⅲ（16～17・176～177頁参照）

悠紀メロン　滋賀県中州郡【野洲郡のまちがいか】菊座型、白マクワ、大形菊メロン（タキイ種苗）はこの改良型、栽培僅少。

寒咲菜種　滋賀県湖東地方

早春開花開始期に花部をつみ、なの花漬け用、漬物屋が種子を配布、栽培されている。

◆『湖国の野菜産地』（8・31頁参照）

野洲町の悠紀メロン　三上山山麓一帯

伊吹町弥高のカンショ

◆『近江の特産物発掘調査報告書―滋賀の地産地消推進事業』（5頁参照）

本紅金時人参（大津市中部）

栗原ごぼう（旧志賀町）

兵主かぶ（旧中主町）

【継承されてきた品種ではない。２０２０年調査。『よみがえった幻の蕪―新兵主蕪への挑戦』44頁参照】

かぼちゃ（旧甲賀町）

【継承されてきた品種は消滅したと伝わる】

清水芋（サトイモ　旧湖東町）

【継承されてきた品種ではない。ＪＡ湖東２０１８年調査】

自然薯（多賀町）

いたちきゅうり（旧米原町）

黄まくわうり（旧マキノ町）

【継承されてきた品種ではない。ＪＡマキノ町２０２０年調査】

北船木ゴボウ（旧安曇川町）

【継承されてきた品種ではない。「北船木ゴボウ」21～22頁参照】

◆『近江の特産物発掘調査―食事博Ⅱ20周年記念事業』（2頁参照）
八夫ごぼう（旧中主町八夫）
こんにゃく（旧永源寺）
角井すいか（旧愛東町百済寺）
【継承されてきた品種ではないが、復刻された品種。農事組合法人・アクティブファム百済寺。2019年調査】
仁保ウリ（近江八幡市）
桃原ごぼう（多賀町）
【「桃原ごぼう復活から生まれた桃原プロジェクト」】
弥高のさつまいも（旧伊吹町）
小川のまくわ（旧安曇川町上小川）
泰山寺大根（旧安曇川町泰山寺野）

◆『食べ伝えよう滋賀の食材』（44・48・106頁参照）
仁保うり（近江八幡市）
いたちきゅうり（米原市）
栗原ごぼう（旧志賀町）

◆「いたちきゅうり」（4頁参照）
いたちきゅうり（米原市）

◆その他の情報
野路いも（サツマイモ　草津市）
甲津原いんげん豆（旧伊吹町）
菊マクワ（旧中主町）

3　種苗店で販売されていた在来野菜の種子（未調査品種）

なり駒
虎御前
滋賀真紅金時人参
滋賀黄たまねぎ
琵琶湖紅かぶ
仁保ウリ（近江八幡市）

タネ屋の店頭で見つけた在来野菜と考えられる種子袋（2019）

あとがき

筆者は１９３９年京都府北部の寒村に生まれ、自給自足に近い農家に育った。もの心ついた戦後、我が家で作っていた野菜は、土着の品種であった。毎年その時季が来ればタネを蒔き育てる、見慣れたものばかりであった。その種子は、当然自家採種していたと思われるが、どんな方法で採種し保存していたかは思い出せない。わが家で作っていた野菜を使った日々の食事は、郷土の味覚で小さい時から慣れ親しんだおふくろの味であった。筆者と同時代の者にとって在来野菜は、若き日への郷愁になっていると思う。

近江の人となってセカンデリライフが高じ、「滋賀食事文化研究会」に所属するなかで、近江の人々の暮らしには、近江の大地に育まれた奥深い食の文化があることを学んだ。蒲生氏郷の国替えによって広まったカブ、森川許六が書いた伊吹大根など、近江の各地に数多くの在来野菜がつくられていることを知った。

その始まりは、かれこれ十数年前にさかのぼる。同研究会20周年記念事業において、特産品栽培グループの協力で在来野菜を栽培し漬物にして展示した時からである。以来、在来野菜にはまっていった。学ぶほどに在来野菜は、社会変貌の大波にのまれていることを目の当たりにした。定年後、滋賀大学大学院で学ぶことができた。久保加織先生には在来野菜を研究テーマとしたきっかけと基礎的な研究の教示を受けた。森太郎先生には栽培のノウハウを学び、山カブ研究に関わった中で滋賀県立大学名誉教授黒田末壽先生には本書の執筆について背中を押され、さらに久保・森・黒田先生に拙文を読んでいただき、貴重なご意見を賜り、誤りの訂正など終始懇切なご指導をいただいた。その上に、黒田末壽先生には序文まで書いていただいた。本書は、大学で学び、セカンデリライフで学んだこと、新聞や雑誌に折に触れ発表してきたものをベースにさらに確かなものにするため県内各地の栽培者やＪＡを訪ね、今日の滋賀の在来野菜の現状をまとめたものである。

野菜生産は、高度成長期（１９５５〜）を境に経済効率が求められ、Ｆ１種（雑種第一代）に代わってしまった。また、栽培者の高齢化や減少などによって、在来野菜と密接な関係にあった食生活も連鎖的に失われてきた。在来野菜は、育種の素材として利用される遺伝的多様性を持つ生物資源であると同時に、伝統的食文化を担うふるさとの財である。滋賀の在来野菜の消失は時間との戦いであり、一刻も早く守らなければならない。調査の聞き取りについやした10年という年月の流れの中で、今、在来野菜が置かれている環境を考えると厳しい現実が起きているかもしれない。本書が滋賀の在来野菜の長生きできる一助になることを念じたい。

謝辞

本書は栽培地を訪ね、栽培者はもとよりＪＡ関係者から快く話を聞かせていただいたものの、その思いを十分にまとめきれたわけではない。不正確な記述や誤りもあるかと思われる。それらは筆者の責に帰すべきものでお詫びしなければならない。末尾、お世話になった方々のご芳名をあげさせていただき、感謝の意を表した。

　本書の出版にあたり編集から校正までご苦労をかけ上梓にこぎつけていただいた京都新聞出版センターのみなさんに厚くお礼申しあげたい。

聞き取り調査などでお世話になった方々

（順不同、敬称略、所属は面談時点）

久保加織（滋賀大学）
森太郎（滋賀大学）
森田実（滋賀大学）
高橋ひとみ（滋賀短期大学）
黒田末壽（滋賀県立大学）
野間直彦（滋賀県立大学）
鈴木玲治（京都学園大学）
佐藤茂（龍谷大学）
立花尚子（彦根市）
山下悟（滋賀県農業技術振興センター）
山内喜平（長浜市）
伊藤信義（有伊吹・旬彩　米原市）
農業生産法人・有伊吹そば（米原市）
池本清和（ＪＡ草津市）
青地吉継（青地野こんこん会 草津市）
永井邦太郎（摺墨山菜生産加工組合　長浜市）
成瀬武義（長浜市）

真野文治（筑摩赤丸生産グループ 米原市）
藤本勇（ＪＡレーク伊吹）
北村三雄（有種源商店　彦根市）
北村三郎（小泉町八王子倶楽部　彦根市）
藤野良祐（ＪＡ東びわこ）
北村幾（大藪かぶら普及グループ　彦根市）
大西一幸（北之庄郷の会　近江八幡市）
大山真（近江八幡市）
太田直樹（株太田種苗　近江八幡市）
田中嘉兵衛（深山口日野菜原種組合 日野町）
曽和一郎（深山口日野菜原種組合 日野町）
寺澤清穂（日野菜愛承会 日野町）
ＪＡグリーン近江 日野菜生産部会（日野町）
福井美智子（ＪＡグリーン近江）
岡保次（ＪＡグリーン近江　日野菜生産部会長）
阿迦井隆治（守山市農政課）
岡田明彦・幸子（守山市）

西出美南子（守山市）
遠藤秀樹（㈱えんどう種苗 守山市）
寺井治一（高島市）
三尾里万木かぶら加工グループ（高島市）
水越茜（ＪＡ西びわこ）
上林俊行（農事組合法人 西出稔り会　愛荘町）
八百与漬物店（大津市）
木村悟（滋賀県大津・南部農業農村振興事務所）
川井創稀（ＪＡレーク大津）
山田叔子（大津市）
藤野良祐（ＪＡ東びわこ）
上林惣一朗（愛荘町）
北村博（愛荘町）
辰己裕之（ＪＡ湖東）
寺井節次・滋子（甲賀市）
木村茂良（甲賀市）
久保川厚子（長浜市）
田中クニエ（長浜市）
村上尚子（長浜市）
谷村護（湖南市）
㈱やまじょう（湖南市）

三峰教代（湖南市）
佐々木由珠（湖南市）
辻久太一郎（甲賀市）
谷口治郎（ＪＡこうか　水口かんぴょう部会長）
木村左右吉（野洲市）
本田靖子（長浜市）
肥田文子（長浜市）
安藤美幸（長浜市）
涌井洋子（長浜市）
山岡絹代（長浜市）
北谷嘉一郎（甲賀市）
前田薫（甲賀市）
木瀬武三（近江八幡市）
後藤司（ＪＡグリーン近江）
西川與平（近江八幡市）
白井与四次（高島市）
高橋静子（高島市）
高阪音吉（大津市）
芝村貞喜（ＮＰＯ法人坂本菊会）
長倭子（草津市）

引用文献

まえがき

タキイ種苗株式会社出版部編『都道府県別地方野菜大全』農山漁村文化協会、2002年

青葉高『日本の野菜文化史事典』八坂書房、2013年

Ⅰ 在来種と交配種

阿部希望『伝統野菜をつくった人々―「種子屋《たねや》」の近代史』農山漁村文化協会、2015年

野菜試験場育種部『野菜の地方品種』1980―Ⅲ、野菜試験場育種部、1980年

タキイ種苗株式会社出版部編『都道府県別地方野菜大全』農山漁村文化協会、2002年

滋賀県農政水産部農業経営課　滋賀の食事文化研究会『近江の特産物発掘調査報告書―滋賀の地産地消推進事業』2007年

西貞夫監修『野菜種類・品種名考』農業技術協会、1986年

滋賀県ホームページ「近江の伝統野菜」

https://www.pref.shiga.lg.jp/ippan/shigotosangyou/nougyou/ryutsuu/18357.html

Ⅱ 在来野菜の種子とタネ屋

志村篤編『平成18年新版　全国種苗業者名鑑』日本種苗新聞、2006年

滋賀県種苗生産販売協同組合『滋賀県種苗生産販売協同組合名簿』2008年

滋賀県日野町教育会編『近江日野町志』巻中、臨川書店、1986年
日野菜種子採種元『近江種苗　田中嘉兵衛古文書』
阿部希望『伝統野菜をつくった人々—「種子屋」の近代史』農山漁村文化協会、2015年
大津市私立教育会『大津市志』中巻、淳風房、1911年

Ⅲ　近江の在来野菜

野菜試験場育種部『野菜の地方品種』1980—Ⅲ、野菜試験場育種部、1980年
タキイ種苗株式会社出版部編『都道府県別地方野菜大全』農山漁村文化協会、2002年
秋谷良三編『蔬菜園芸ハンドブック　実験活用　増訂改版』養賢堂、1970年
青葉高『日本の野菜　新装改訂版』八坂書房、1993年

根菜類

ダイコン

星川清親『改訂増補　栽培植物の起原と伝播』二宮書店、1987年
坂本太郎・家永三郎・井上光貞・大野晋校注『日本書紀（二）』岩波書店、1994年
農林省園芸試験場櫻会編『園芸家必携（増訂改著）』養賢堂、1949年
古島敏雄『百姓伝記』下、岩波書店、1977年
土屋喬雄校訂『農業全書』岩波書店、1936年
伊藤松宇校訂『風俗文選』岩波書店、1928年
滋賀県地方史研究家連絡会・滋賀県立図書館編『淡海録』サンライズ印刷、1980年
人見必大『本朝食鑑』巻3
貝原益軒『大和本草』巻5

宇野健一校訂『新註　近江輿地志略』全、弘文堂書店、１９７６年
岩橋常正『本草図譜』巻46
伊藤圭介『日本産物志』前編近江上
山内喜平「『伊吹大根』の復元にとり組んで」『近江教育』第６４４号、１９９９年
勧修寺経雄『古都名木記』内外出版、１９２５年
杉本嘉美「京都特産蔬菜の品種及び来歴に就て（３）」『育種と農藝』復刊第４号、１９４６年
草津市史編さん委員会編『草津市史』第４巻、草津市役所、１９８８年
滋賀県農政水産部農業経営課「平成26年度実績　野菜の生産販売状況」『青果物生産事情調査』第68号、２０１５年

カブ（カブラ）

星川清親『改訂増補　栽培植物の起原と伝播』二宮書店、１９８７年
坂本太郎・家永三郎・井上光貞・大野晋校注『日本書紀（五）』岩波書店、１９９５年
中尾佐助『農耕の起源と栽培植物』（『中尾佐助著作集』第Ｉ巻）北海道大学図書刊行会、２００４年
近藤萬太郎『日本農林種子学』後編・各論、養賢堂、１９３４年
澁谷茂・岡村知政「種子の表皮型に依る本邦蕪菁品種の分類」『園芸学会雑誌』第22巻第4号、１９５２年
青葉高「本邦における西洋系カブ品種の分類」『山形大学紀要（農学）』第2巻第4号、１９５８年
矢澤進・上山博・並木隆和「*Brassica campestris* L. の種皮型の簡易識別法」『農業および園芸』第61巻4号、１９８６年
青葉高『日本の野菜文化史事典』八坂書房、２０１３年
野菜試験場育種部『野菜の地方品種』１９８０―Ⅲ、野菜試験場育種部、１９８０年

神田武・門野一雄「滋賀県に於ける蕪菁の品種と其の栽培（1〜3）」『農業及園芸』第16巻第10〜12号、１９４１年
澁谷茂「滋賀縣の特産〝かぶ〟」『新園芸』別冊、１９５０年
吉沢克彦「湖国で生れ育ったカブあれこれ（その一）」『滋賀の農業』第52巻9号、１９８７年
大谷博実「湖国で生まれ育ったカブあれこれ（その二）」『滋賀の農業』第52巻10号、１９８７年
長朔男「滋賀県在来カブの継承に向けた実践的研究」滋賀大学大学院教育学研究科修士論文、２０１５年
青葉高『野菜―在来種の系譜（ものと人間の文化史43）』法政大学出版局、１９８１年
大日本帝国陸地測量部『彦根　二万分の一』１８９５年
『御膳方判取帳』（彦根城博物館『彦根の食文化』２００５年、15頁参照）
滋賀県市町村沿革史編さん委員会編『滋賀県市町村沿革史』第五巻（資料編一）、第一法規出版株式会社、１９６２年
佐藤茂・久保中央・中谷花詠「滋賀県在来赤カブの特徴と多様性」『園芸学研究』19巻1号、２０２０年
大谷博実「湖国を代表する伝統野菜について」講演要旨、２００４年
滋賀県蒲生郡役所『近江蒲生郡志』巻5、西濃印刷株式会社、１９２２年
滋賀県日野町教育会編『近江日野町志（復刻版）』巻中、臨川書店、１９８６年、裏表紙見返し
大谷博実「カブの根こぶ病抵抗性育種」『農業および園芸』第69巻第5号、１９９４年
植木敏弌『京洛野菜風土記』伊勢秀印刷所、１９７２年
佐藤茂・久保中央「近江カブの祖先種と後代種の系譜〝近江かぶら〟は聖護院カブの祖先種か？」『農業および園芸』第94巻第10号、２０１９年
喜田茂一郎『趣味と科学　蔬菜の研究』地球出版株式会社、１９３７年
『成形図説』巻21

果菜類

ナス

星川清親『改訂増補　栽培植物の起原と伝播』二宮書店、１９８７年

池添博彦「奈良朝木簡にみる食文化考」『帯広大谷短期大学紀要』第29号、１９９２年

土屋喬雄校訂『農業全書』岩波書店、１９３６年

野菜試験場育種部『野菜の地方品種』１９８０—Ⅲ、野菜試験場育種部、１９８０年

タキイ種苗株式会社出版部編『都道府県別地方野菜大全』農山漁村文化協会、２００２年

『成形図説』巻26

トウガラシ

星川清親『改訂増補　栽培植物の起原と伝播』二宮書店、１９８７年

土屋喬雄校訂『農業全書』岩波書店、１９３６年

『成形図説』巻25

滋賀県農政水産部農業経営課　滋賀の食事文化研究会『近江の特産物発掘調査報告書—滋賀の地産地消推進事業』２００７年

『番椒譜《ばんしょうふ》』（入田整三『平賀源内全集』下、中文館書店、１９３５年）

ユウガオ

星川清親『改訂増補　栽培植物の起原と伝播』二宮書店、１９８７年

青葉高『日本の野菜　新装改訂版』八坂書房、１９９３年

坂本太郎・家永三郎・井上光貞・大野晋校注『日本書紀（二）』、岩波書店、１９９４年

『和名類聚抄』巻16

土屋喬雄校訂『農業全書』岩波書店、１９３６年

滋賀県甲賀郡教育会編『甲賀郡志』下巻、名著出版、１９７１年

「乾瓢製造図絵」『滋賀県管下近江国六郡物産図説』巻３甲賀郡下、滋賀県立図書館蔵

滋賀県市町村沿革史編さん委員会編『滋賀県市町村沿革史』第二巻、弘文堂書店、１９８８年

シロウリ・マクワウリ

星川清親『改訂増補　栽培植物の起原と伝播』二宮書店、１９８７年

『和名類聚抄』巻17

土屋喬雄校訂『農業全書』岩波書店、１９３６年

『成形図説』巻27

滋賀県農政水産部農業経営課　滋賀の食事文化研究会『近江の特産物発掘調査報告書―滋賀の地産地消推進事業』２００７年

葉菜類

青葉高『日本の野菜　新装改訂版』八坂書房、１９９３年

青葉高『野菜の日本史（青葉高著作選Ⅱ）』八坂書房、２０００年

ツケナ

『成形図説』巻21

堀越昌子・大音絢香「高月菜の文化と継承の課題」『滋賀の食事文化』第21号、２０１２年

ネギ

星川清親『改訂増補　栽培植物の起原と伝播』二宮書店、１９８７年

坂本太郎・家永三郎・井上光貞・大野晋校注『日本書紀（三）』、岩波書店、１９９４年

土屋喬雄校訂『農業全書』岩波書店、１９３６年

『成形図説』巻24

花菜類

食用キク

『絵本野山草』巻1

加藤楸邨校註『芭蕉句集』大日本雄弁会講談社、１９４９年

イモ類

土屋喬雄校訂『農業全書』岩波書店、１９３６年

滋賀の食事文化研究会編『芋と近江のくらし』サンライズ出版、２００６年

ヤマイモ・ナガイモ

青葉高『日本の野菜　新装改訂版』八坂書房、１９９３年

星川清親『改訂増補　栽培植物の起原と伝播』二宮書店、１９８７年

『成形図説』巻22

谷川聰一「マイナークロップ「秦荘やまのいも」」『滋賀の農業』第48巻第2号、１９８３年

Ⅳ

消えた在来野菜と未調査のもの

竹内若校訂『毛吹草』岩波書店、１９４３年

滋賀県地方史研究家連絡会・滋賀県立図書館編『淡海録』サンライズ印刷、１９８０年

土屋喬雄校訂『農業全書』岩波書店、１９３６年

伊藤松宇校訂『風俗文選』岩波書店、１９２８年

『大和本草』巻5

『菜譜』上巻

宇野健一改訂・校註『新註　近江輿地志略』弘文堂書店、１９７６年

『日本山海名物図会』巻2
『物類称呼』巻3
秦石田・秋里籬島『近江名所図会』巻2、臨川書店、1997年
『日本産物志』前編近江上
北川舜治『近江名跡案内記』巻9、弘文堂書店、1982年
野菜試験場育種部『野菜の地方品種』1980—Ⅲ、野菜試験場育種部、1980年
吉川善司『湖国の野菜産地』虹文社、1982年
滋賀県農政水産部農業経営課・滋賀の食事文化研究会編『近江の特産物発掘調査報告書—滋賀の地産地消推進事業』2007年
兵主大社『よみがえった幻の蕪—新兵主蕪への挑戦』兵主大社、2021年
高橋静子「北船木ゴボウ」『滋賀の食事文化』第14号、2005年
滋賀の食事文化研究会『近江の特産物発掘調査—食事博Ⅱ20周年記念事業』2011年
中川信子「桃原ごぼう復活から生まれた桃原プロジェクト」『滋賀の食事文化研究会報』178、2021年
滋賀の食事文化研究会編『食べ伝えよう滋賀の食材』サンライズ出版、2012年
久保加織「いたちきゅうり」『滋賀の食事文化』第16号、2007年

参考文献

Ⅱ 在来野菜の種子とタネ屋

瀬川欣一『ふるさと鎌掛《かいがけ》の歴史〜古代より関ヶ原合戦まで〜』第1巻、サンライズ印刷、2000年

Ⅲ 近江の在来野菜

根菜類

ダイコン

滋賀県坂田郡教育会編『近江国坂田郡志』名著出版、1971年

青葉高『野菜—在来種の系譜（ものと人間の文化史43）』法政大学出版局、1981年

粕渕宏昭「近江の農書 補遺1—伊吹大根について—」『湖国と文化』第18号、㈶滋賀県文化体育振興事業団、1982年

伊吹町史編さん委員会編『伊吹町史 通史編 上』伊吹町、1997年

長朔男「近江のダイコン〜文献を中心として〜」『滋賀の食事文化』第12号、2003年

カブ（カブラ）

杉本嘉美「京都特産蔬菜の品種及来歴に就て（4）」『育種と農藝』復刊第5・6合併号、1946年

小泉町史編纂委員会編『わが郷土小泉のあゆみ』彦根市小泉町内会・彦根市小泉町公民館、2002年

堀越昌子「マキノの蛭口《ひるくち》かぶ」『滋賀の食事文化』第13号、2004年

久保加織「米原・筑摩の赤カブ」『滋賀の食事文化』第14号、2005年

小島朝子「守山の矢島カブ」『滋賀の食事文化』第14号、２００５年
中村紀子「焼畑で育てた余呉の山かぶら」『滋賀の食事文化』第16号、２００７年
パンフレット「余呉の山かぶら」摺墨山菜生産加工組合、２０１０年
長朔男「オオミカブラ蘇る」『滋賀の食事文化』第21号、２０１２年
長朔男・長倭子「日野菜・松阪赤菜・緋のかぶら」『滋賀の食事文化』第22号、２０１３年
佐藤茂『近江を中心とした伝統野菜文化史』養賢堂、２０２１年

果菜類

ナス
榎和子「下田ナス」『滋賀の食事文化』第14号、２００５年
長朔男・長倭子「杉谷なすび―忍者の里のなすび」『滋賀の食事文化』第18号、２００９年

ユウガオ
鵜飼宏侑「野州干瓢の根源を探ぐる（一～六・完）」『栃木県郷土文化研究』4巻1～4号・5巻1～4号、１９６１～１９６４年
水口町志編纂委員会編『水口町志』下、賢美閣、１９７７年
中村又兵衛「水口干瓢の謎」『みなくち』第50号、１９９９年
長朔男・長倭子「干瓢と水口」『滋賀の食事文化』第15号、２００６年

シロウリ・マクワウリ
青葉高『日本の野菜 新装改訂版』八坂書房、１９９３年

葉菜類

ネギ
高橋静子「宮野ネギ」『滋賀の食事文化』第14号、２００５年

小島朝子「豊浦《といら》ネギ」『滋賀の食事文化』第21号、2012年
滋賀の食事文化研究会編『食べ伝えよう滋賀の食材』サンライズ出版、2012年

花菜類
食用キク
青葉高『日本の野菜 新装改訂版』八坂書房、1993年
串岡慶子「坂本菊」『滋賀の食事文化』第12号、2003年

イモ類
ヤマイモ・ナガイモ
大塚虹水『滋賀の百祭』京都新聞社、1990年
野崎恵子「秦荘町やまのいも」『滋賀の食事文化』第8号、1999年

その他
タキイ種苗株式会社社史編纂室編『タネの歩み』タキイ種苗、1990年
香坂玲・冨吉満之『伝統野菜の今―地域の取り組み、地理的表示の保護と遺伝資源』アサヒビール株式会社、2015年
松尾孝嶺「品種の意義と成立」『改訂増補 育種学』養賢堂、1978年
西川芳明編著『生物多様性を育む食と農―住民主体の種子管理を支える知恵と仕組み』コモンズ、2012年
外食産業総合調査研究センター編『全国の地方野菜』外食産業総合調査研究センター、2009年

［著者略歴］

長　朔男（おさ・さくお）

1939年京都府加佐郡大江町（現 福知山市）生まれ。滋賀県草津市在住。1961年雇用促進事業団（現 独立行政法人 高齢・障害・求職者雇用支援機構）に就職。技能・職業能力開発促進センターに勤務し技術教育に携り、京都職業能力開発促進センター所長など歴任。退職後、滋賀大学大学院教育学研究科修士課程修了。近江の自然、地域文化に深く関心を持って滋賀自然環境研究会、滋賀の食事文化研究会、滋賀植物同好会などに所属してセカンデリライフ活動。執筆した主な共著『食べ伝えよう滋賀の食材』『芋と近江のくらし』『近江植物風土記』（サンライズ出版）『近江植物歳時記』（京都新聞社）など。

ふるさとの財《たから》　近江の在来野菜誌

発行日　2023年1月22日　初版発行

著　者　長　朔男

発行者　前畑　知之

発行所　京都新聞出版センター

〒604-8578　京都市中京区烏丸通夷川上ル

Tel. 075-241-6192　Fax. 075-222-1956

https://www.kyoto-pd.co.jp/book/

印刷・製本　創栄図書印刷株式会社

ISBN978-4-7638-0775-5　C0061